余热利用系统优化方法
——余热利用系统技术和效能参数优化

Optimization Approaches for Waste Heat Recovery System
Optimization of Technical and Efficiency Parameters for Waste Heat Recovery System

[拉脱维亚] 阿尼斯·扎格里斯(Arnis Zageris) 著

明平剑 张文平 译

国防工业出版社

·北京·

著作权合同登记　图字:军-2015-219 号

图书在版编目(CIP)数据

余热利用系统优化方法:余热利用系统技术和效能
参数优化/(拉脱)扎格里斯(Zageris, A.)著;明平剑,
张文平译. —北京:国防工业出版社,2016.8
书名原文:Optimization Approaches for Waste
Heat Recovery System:Optimization of Technical
and Efficiency Parameters for Waste Heat Recovery
System
ISBN 978-7-118-10704-3

Ⅰ.①余… Ⅱ.①扎… ②明… ③张… Ⅲ.①船舶—
余热利用—系统优化 Ⅳ.①U66

中国版本图书馆 CIP 数据核字(2016)第 030606 号

Optimization Approaches for Waste Heat Recovery System
Optimization of Technical and Efficiency Parameters for Waste
Heat Recovery System/by Arnis Zageris/ISBN:978-3-8383-7482-6.
Copyright © 2010 by LAP LAMBERT Academic Publishing.
All rights reserved.

※

国防工业出版社出版发行
(北京市海淀区紫竹院南路 23 号　邮政编码 100048)
北京嘉恒彩色印刷有限责任公司
新华书店经售

*

开本 710×1000　1/16　印张 10¾　字数 198 千字
2016 年 8 月第 1 版第 1 次印刷　印数 1—2000 册　定价 72.00 元

(本书如有印装错误,我社负责调换)

国防书店:(010)88540777　　　发行邮购:(010)88540776
发行传真:(010)88540755　　　发行业务:(010)88540717

译 者 序

能源问题已经成为经济发展中一个头等重要的问题。船舶是能源消耗量巨大的运输工具,高能耗一方面使船舶运行成本增加,另一方面也给船舶运行带来了严重的环境问题。如何有效降低船舶能耗是一个现实而又重要的课题。国际海事组织 IMO 已将新船能效设计指数(Energy Efficiency Design Index,EEDI)作为考核船舶运行能耗高低的一个指标。船舶主机余热利用系统可以充分利用主机废气和冷却介质中的能量,是一种先进的船舶节能措施。在能源资源日益紧张、航运成本逐渐增长的今天,综合利用好船舶上的各类能量,提高船舶的能量利用效率,是船舶制造商、运营商和海事组织等部门都十分关心的问题。

本书原作者阿尼斯·扎格里斯自 1986 年于圣彼得堡海洋学院毕业后,作为一名化学品运输船的轮机工程师工作 10 年,在船舶工程轮机管理岗位工作多年,2009 年开始在里加理工大学攻读博士学位,从事船舶余热技术研究。原著 *Optimization Approaches for Waste Heat Recovery System Optimization of Technical and Efficiency Parameters for Waste Heat Recovery System* 是作者在 V.A. Semeka 教授和 Juris Cimanskis 教授指导和帮助下完成的,是作者多年深入研究和工程实践的精心总结,系统地介绍了余热利用系统优化方法,给出了优化理论的数学模型,具有很高的参考和实用价值。

本书由引言、6 个章节、主要结论和参考文献组成。第 1 章"发展余热利用系统的必要性"首先通过介绍燃油市场现状和世界发展趋势,强调余热利用系统的必要性。船用燃气轮机的复苏和严苛的国际环境保护法是在新建阶段余热利用系统就被密切关注的原因。第 2 章"余热利用系统的主要参数的选择"致力于为热利用循环的选择提供根据。第 3 章"给定余热锅炉尺寸(高度)的热力循环分析及其优化方法"中,提出在预先确定的锅炉尺寸下找到效率特性的原始方案。第 4 章是"紧凑式高功率动力装置的热利用循环及余热锅炉设备优化",也是本研究中重点章节,建立了广泛适用的数学模型,对估算得出的结果进行了全面的分析和分类。第 5 章"有限资源下的余热利用"之所以对低速柴油机和最终利用率有专门的讨论是因为这种发动机在船舶推进中占主导地位,并且由于发动机发展趋向于减少所有可能热损失,找到可有效利用的其他部分是个挑战。第 6 章为"现役动力装置污染系数的决定因素"。烟气侧污染系数也是个重要参数,它不仅决定了换热效率,而且对对流受热面的可靠性有很大影响。因此,在第6章中详细研究了适用于现役船体的原始污染系数。在结论部分,不仅给出了主要结论,而且对在现有研究基础上深入研究的可行计划进行了阐述。

本书出版得到了工信部高技术船舶科研项目"船舶柴油机动力系统余热利用技术研究"和国家自然科学基金(51206031,51479038)资助,在此深表谢意!

在翻译过程中,尽量做到忠实于原著,部分术语给出了英文描述,便于读者理解。本书的出版得到了国防工业出版社编辑的悉心指导与帮助,在此表示衷心感谢。

鉴于译者水平有限,翻译过程中难免有不妥之处,敬请读者批评指正。

译 者

2015 年 8 月

前　言

　　本书主要研究余热利用系统,该系统对船舶动力装置具有非常重大的意义。本书的核心部分就是原创性地提出了一种余热锅炉优化方法,该方法可以考虑不同热力循环、不同几何结构参数,尤其是在给定了锅炉尺寸(主要是高度尺寸)和换热面的条件下,对余热锅炉效率的影响。最终建立一组非线性方程组模型,该模型的优点是引入的统一数学模型可以获得适用于大范围不同输出功率的动力装置的结果。该模型可以考虑热工水力、传热热阻以及其他因素的影响。

　　为了实现单位装备体积内的最大输出功率,采用前面提出的分析方法对带有恒温调节阀的余热利用系统进行全面优化,并将这种形式的余热利用系统作为一种基本形式。通过研究找到蒸汽压力、换热面分布以及强化换热等优化的一般规律,从而选择最优的方案。作为一种替代方法,对带有中间抽汽装置系统的方案进行对比研究。

　　对于先进低速柴油机动力装置的余热利用系统需要进行特别说明,因为过低的排气余热利用潜能使其成为一项极具挑战性的任务。因此,为了尽可能多地利用排气余热,根据所期望的或者给定的冷却率(如余热锅炉中的烟气温降),可以建立另外的非线性模型。结果可以在不同的运行状态和外部环境下,计算得到压力和其他特性参数值。主要任务就是获取尽可能高的输出功率。

　　在实验研究部分对烟气侧污染系数的测试方法和影响进行研究,得到的结果应该可以有效地应用到余热利用系统的优化过程中。

目　录

缩略词表

AB ——辅锅炉(Auxiliary Boiler)

a/a ——环境空气(ambient air)

BCS ——锅炉控制系统(Boiler Control System)

CWHRS ——综合余热利用系统(Complex Waste Heat Recovery System)

DG ——柴油发电机(Diesel Generator)

EB ——余热锅炉(Exhaust Boiler)

(S)EPP ——(船舶)电力装置(Ship's)Electrical Power Plant

f/w ——给水(feed water)

GT ——燃气轮机(Gas Turbine)

HFO ——重油(Heavy Fuel Oil)

HRC ——余热利用循环(Heat Recovery Circuit)

HRSG ——余热利用蒸汽发电机(Heat Recovery Steam Generator)

HTS ——船用主机(柴油机)空气冷却器的高温级(High Temperature Stage as part of main engine(diesel)air cooler

MCR ——最大连续出力,例如,主机负荷水平,%(Maximum continuous rating, i. e. load level of main engine)

ME ——(船舶推进系统的)主机(Main Engine(of ship's propulsion system))

MSDE ——中速(四冲程)柴油机(Medium Speed(four stroke type)Diesel Engine)

PE ——调峰发动机(Peak Engine)

PZRR ——可靠性降低的性能区间(Performance Zone of Reduced Reliability)

RSMD ——二次方差(Root Mean Square Deviation)

SFOC ——燃料消耗率,kg/(kW · h)(Specific Fuel oil Consumption)

SSDE ——低速(二冲程)柴油机(Slow Speed(two stroke type)Diesel Engine)

ST ——汽轮机(Steam Turbine)

STG ——汽轮发电机(Steam Turbo-Generator)

s/w ——海水(Sea water)

t/c ——涡轮增压器(turbo charger)

TG ——涡轮发电机(Turbo Generator)

VLBC ——超大型散装货轮(Very Large Bulk Carriers)

VLCC ——超大型原油运输船(Very Large Crude Oil Carriers)

WHRS ——余热利用系统(Waste Heat Recovery System)

主要物理量

$\bar{c}_g$——烟气平均比热,kJ/℃

G_g——烟气流量,kg/s

G_{st}——余热锅炉蒸汽产量,kg/s

G_{sat}——饱和蒸汽消耗量,kg/s

h_{gi}——锅炉烟气焓,kJ/kg

h'_j——第(j)个锅炉水焓,kJ/kg

h_{sji}——第(j)锅炉不同循环节点(i)的蒸汽焓,kJ/kg

Ha——等熵过程中的焓差,一般用于汽轮机计算,kJ/kg

ΔHe_g——余热锅炉烟风阻力造成的主机相对功率损失的烟气焓,kJ/kg

k——对流传热系数,W/(m² · K)

k_{circ}——强制循环倍率

k_{rec}——通过温控阀混合给水温度上升时,锅炉水再循环系数

$k_{\Delta\eta}$——由于主机冷却工质的余热利用产生额外的效率相对增值,%

L_{SLel}——所需电能的安全下限

Ne_{el}——船舶电站功率,kW

Ne_{ST}——汽轮机输出功率,kW

Ne_{TG}——汽轮发电机输出功率,kW

ΔP_{gi}——各受热面的烟风阻力,kgf/m²①

P_j——蒸汽或锅炉水压力,bar②

ΔP_{ji}——蒸汽每个沿程(j)的阻力损失,bar

P_s——余热锅炉锅筒蒸汽压力,bar

Q_i——通过烟道烟气、蒸汽、水传热或消耗的热量,kJ

S_j^i——第(j)个锅炉在一定的蒸汽循环点(i)的熵,kJ/(kg · K)

t_a——环境温度,℃

t_{g_0}——锅炉进口烟气温度,℃

$t_{g_{exh}}$——锅炉出口排烟温度,℃

---

① 1 kgf/m² = 0.98 Pa,余同。

② 1 bar = 1×10⁵ Pa,余同。

t_{g_i}——余热锅炉特定部分出口烟气温度,℃

t_{fw}——锅炉进口给水温度,℃

t_{fwp}——热井中给水温度,℃

t_g^Σ——余热锅炉有效利用的烟气温度,℃

$t_{s/w}$——海水温度,℃

Δt_{LOG_i}——各点的受热面温差,℃

t_s ——相应蒸汽压力 p_s 下的饱和温度,℃

w_g ——烟气速度,m/s

W_{C_i}——锅炉流通截面的烟气质量流速,kg/(m^2 · s)

U_{SLel} ——所需电能的安全上限

x_1 ——蒸发器出口烟温 t_{gi} 和饱和温度 t_s 之差,℃

x_2 ——锅炉进口烟温 t_{g0} 和过热器出口蒸汽温度 t_{st} 之差,℃

x_3 ——接近点温度——饱和温度与省煤器出口水温之差,℃

a ——过量空气系数

a_1 ——烟气对管壁的放热系数,W/(m^2 · K)

a_2 ——管壁对工质的放热系数,W/(m^2 · K)

ε ——余热锅炉烟气侧受热面污染系数,(m^2 · K)/W

η_{i_j}——相对效率

Π ——余热利用系统提供的相对净功率/效率的增长,$\dfrac{kJ}{1kg\ 烟气}$

Π_0 ——余热利用系统提供的相对净功率/效率在整个电力推进系统的增

长,$\dfrac{kJ}{1kg\ 烟气}$

ξ ——余热利用系统产生蒸汽的能力,$\dfrac{kg\ 蒸汽}{1kg\ 烟气}$

ξ_{st}——余热利用系统产生饱和蒸汽的能力,$\dfrac{kg\ 饱和蒸汽}{1kg\ 烟气}$

ξ_{sat}——相对饱和蒸汽消耗量,$\dfrac{kg\ 饱和蒸汽}{1kg\ 烟气}$

Y_i ——提取点坐标

χ ——蒸汽过热度

ψ ——烟气余热利用率

余热锅炉的主要几何参数

L,B,H ——余热锅炉尺寸,长度、宽度、高度,m

$L \times B$ ——余热锅炉烟气流通截面,m^2

d ——管束外径,m

d_i ——各管束外径,m

S_1 ——管束横向节距,m

S_2 ——管束纵向节距,m

S_2' ——管束对角线节距,m

Z_i ——各受热面管排数

Z_1 ——蒸发器管排数

Z_2 ——过热器管排数

Z_3 ——省煤器管排数

S_r ——翅片节距,m

h_r ——翅片高度,m

δ_r ——翅片厚度,m

D ——翅片管外径,m

引　　言

　　受经济全球化的影响,商贸更加发达和专业化,这直接影响了船体大小、设计和技术特性。另外,化石燃料储备有限,这已经造成一定程度的短缺和随之而来的价格持续上升,进而提高了贸易成本。另外,国际社会对包括不断减少气体排放在内的环境污染安全更加关注,国际组织和地方政府对此就有不同的法律要求和标准。由此,在造船行业发展方面产生两种相互矛盾的需求——在燃油限制因素下,对货物供应提出更快更多的要求。因此,高效且环保的船舶推进装置是本书的研究对象。除了发展主机,本文也要达到另一个目的,综合回收利用主要由柴油机或燃气轮机排气的余热再生动力或再生热,也能取得很好效果。因此,这些余热利用系统就是本书研究的对象,在保证最高输出功率的前提下,减小装置尺寸,否则不加限制地增大设备尺寸将会导致货物容量的减少。既然余热锅炉是余热利用系统的主要组成部分,那么本书的研究将对该设备予以更全面的关注。对于一些特种快速船来说,尽可能地选择小尺寸动力装置是十分重要的,尤其是高度,这样同时可保证有效的货船操控。因此,任何在主机上安装大型余热锅炉可能都有风险。尽管事实上船舶主要以低速柴油机作为主机,但另一些装置在高输出功率的情况下因为其高度紧凑性而越发引人关注。首先航空发动机改型为船用燃气轮机对特殊货船和高舒适度的游轮来说是个很有前景的选择,但仍会因货物或乘客的高容量带来的燃料高消耗而提高成本。材料科学上取得的成就和在涡轮机生产(包括叶片冷却的不同方法)上广泛应用的金属陶瓷,在显著降低维护成本同时,可使进口温度的进一步提升进而全面减少燃料消耗量。同时,如果没有高效的烟气余热利用装置,燃气轮机动力装置将很难有足够的竞争力。根据以上考虑,提出如下任务。

　　(1)确定本书研究目标是余热利用系统;

　　(2)在尽可能减少尺寸(成本)的前提下,保证系统高效性;

　　(3)对于部分船体而言,装置的高度尤为重要;

　　(4)同时也应保证船舶有足够高的输出功率。

　　余热锅炉是余热利用系统的重要组成部分,在锅炉尺寸已确定的条件下,本书应重点研究其优化方案。

　　既然如此,本书应对不同的参数影响展开全面研究,以期达到动力装置最高效率的目标。

对于烟气潜热大大降低的低速柴油机动力装置,为进一步提升余热利用系统的效率,除最终利用率外,还要考虑冷却剂热量的利用。

研究内容

本书由引言、6个章节、主要结论和参考文献组成。

第1章"发展余热利用系统的必要性"。首先通过介绍燃油市场现状,强调余热利用系统的必要性。世界发展趋势倾向于船舶专业化。高速动力装置的配置,吨位还有船体尺寸的增加,都激励人们找到有效降低燃油成本的方式。船用燃气轮机的复苏和严苛的国际环境保护法是在新建阶段余热利用系统就被密切关注的原因。

第2章"余热利用系统的主要参数的选择"致力于为热利用循环的选择提供根据。选择锅炉中的管束首先要考虑运行经验和设计期望。考虑到最终运行的可靠性,不同的受热面分配要根据合理尺寸下的最大效率增加量设定。管子和管束的几何特性的选择是另一项复杂的任务。任何受热面强化对于每单位体积效率的提升的影响不言而喻,然而相应的,很多隐藏的不利影响也随之而来。因此,要在预测收获和最终风险中找到最佳平衡。为了从单一结果中得出一般规律,本书研究中所选择的参数对开展进一步研究十分重要。然而,这些参数也不可看做一成不变和过于死板,在其他情况下,即使用或建造时,消耗的燃油种类、应用的材料和特定的服务程序等不同,其他的几何特性也许会更适于本书设计的动力装置。在余热利用系统的主要参数选择方式中,本章的价值得以体现。

第3章"给定余热锅炉尺寸(高度)的热力循环分析及其优化方法"中,提出在预先确定的锅炉尺寸下找到效率特性的原始方案。作为锅炉的截面尺寸(长和宽),已经依据主机参数(产生烟气量)基本确定,但又受到烟气速度的限制,因而锅炉高度这个重要参数是受热面换热量的测量值。另外在特定船体的初建阶段,烟气参数和发动机大小已经确定。余热利用系统作为辅助系统,定位于特定的空间以期达到最高利用率。目前的方法可分为5个部分。

(1)主要输入参数的选择;

(2)锅炉蒸汽量计算;

(3)锅炉受热面对利用率的影响评估;

(4)烟风阻力的确定;

(5)汽轮机循环效率和整体动力装置性能。

另外,几何学和热力学方面的主要输入参数的选择分为对应效率评估的几个具体部分,这样就可以通过反复计算,为余热利用系统找到最适宜的参数设定。当管子的尺寸、长度数据以及弯头的数量都确定时,受热面积便可通过加热盘管数表示,它也是个实用的数据,一旦有了这些数据就可以开始生产。同时,锅炉效率要根据热力学参数,如相关锅炉受热面温度差的计算。这种计算得出的锅炉受热面与可接受面积的不一致,因此,超越方程系统能通过非线性方程的数学方法解决,如迭代法。对于一个设计好的动力装置,这样得出的最终结果不是确定的,但其相对值可适用于一定范围内的主机。基于确定的数学模型流程图,也可能通过适当的调整适应更加复杂的热力学余热利用循环。

第4章是"紧凑式高功率动力装置的热利用循环及余热锅炉设备优化",也是本研究中重点章节。基于第3章所提出的方法,建立了广泛适用的数学模型。对估算得出的结果进行了全面的分析和分类,因而,这部分研究分为以下5小节介绍。4.1节"余热锅炉对流受热面对余热利用系统热力学效率指数的影响",主要任务是找出单位余热锅炉体积内如何达到余热利用系统最高的输出功率,然后研究了每一受热面的影响,这些体现于4.2节"余热锅炉对流受热面对余热利用系统热力学效率指数的影响"中。在某一特定受热面改变而其他两个部分不变的条件下,得出了一些普遍规律。排气和蒸汽的循环温度导致烟气的余热利用可能性很低,因此受热面积的无限制扩张并不能保证汽轮机效率与其同比例增加,而锅炉烟风阻力增加使主机(燃气轮机)的输出功率减少,从而使相关的动力装置整体效率的显著降低。基于这两种相反的事实,可确切得出余热锅炉受热面的最大值。蒸汽压力是余热循环的另一个重要热力学特征参数,在4.3节"尺寸确定的余热锅炉的蒸汽压力优化"中描述了其选择方式。任何蒸汽压力的提高有利于朗肯循环效率指数的增加,然而,在确定的余热锅炉尺寸下,排气的余热利用率,也就是产汽量,存在几乎同比例减少的趋势。因此,需要考虑其总体效率,最终在特定蒸汽压力值下,达到汽轮机最高输出功率的最大化,这对应着第一优化。第二优化是基本与蒸汽压力成正比的锅炉烟风阻力,它对主机(燃气轮机)功率产生不利影响。根据以往的研究:第二压力优化水平比第一优化要低。这两种优化都直接受进气温度变化或锅炉受热面积的影响。考虑到以上研究中所得到的规律,在总的受热面尺寸固定的情况下,通过找到锅炉内部各组成部分的受热面面积的合理分配,可得到更深层次的余热优化方案,这些内容在4.4节"余热锅炉总尺寸固定时,受热面的精细优化"中会有详细的描述。锅炉组成部分,即省煤器、蒸发器和过热器,它们之间的相互影响很复杂,其中任何一个的增加都会影响另外两个。最终得到的最佳内部受热面分配,这个分配情况并不是固定值,也都会受到进气温度和锅炉总尺寸的影响。在4.5节"中间抽汽提升余热利用系统效率的可能性"中,有中间抽汽装置的余热利用系统看作是再热循环系统的替代方案。不论汽轮机中的余热利用方法的效率是否更高,通过中间抽汽带来的额外收获却微乎其微,因为对选定的余热利用途径,在锅炉尺寸相同的情况下,其烟气余热利用率已事先确定。同时,由于循环安排得更好,中间抽汽的余热利用系统对烟气热量的要求较低,导致出口烟气温度对于再热循环有些高。另一方面,由于通过冷凝潜热来加热锅炉给水,不需要增加烟气热量消耗,因此,要减小省煤器来增加蒸发器受热面积,进行受热面内部再分配受热面。为了使动力装置尺寸最小,利用锅炉对流受热面加肋是个可行的方法,在4.6节"余热锅炉管加肋后对余热利用系统效率以及尺寸指数的影响"中对其进行了全面的研究。首先肋片效率可以实现在光管锅炉和肋管锅炉尺寸相同时,得到动力装置最高的输出功率,这将可能减少锅炉高度的增加。然而由于研究有限,动力装置尺寸的增幅仍为30%左右。在相同的输出功率条件下,余热锅炉的尺寸可减少25%,在利用率已经比较高的情况下,这是很重要的。

第5章"有限资源下的余热利用"由3节组成。之所以对低速柴油机和最终利用率有专门的讨论是因为这种发动机在船舶推进中占主导地位,并且由于发动机发展趋向于减少所有可能热损失,找到可有效利用的其他部分是个挑战。因此,在5.1节"低品位余热利用可行性的相关问题"中,提出了另一种方法,建立数学模型,探索如何提升烟气冷却率确定的余热利用系统效率。此处只提出一个主方程组,其他的与第3章相同。在这种情况下,估算得出的锅炉受热面并不能应用到实际中去,因为所得出的受热管束数不能被2或4整除。然而基于这些结果,最接近于实际的真实数据可作为第3章具体锅炉特性估算的输入数据。最优蒸汽压力的选择并非本动力装置应用的主要任务,然而为了达到预期的蒸汽冷却率,与市面上的汽轮机压力参数匹配并提供所需的热量,实际的蒸汽压力级则是一个关键问题。因此,5.2节"蒸汽压力选择的一些注意事项"将会研究不同限制条件下可达到的蒸汽压力级。预期烟气冷却率、对流受热面大小和蒸汽压力水平之间相互关联。在给定了进口烟气温度时,如果蒸汽压力不能降低,将无法实现蒸汽的进一步冷却,而在有些情况下降低蒸汽压力参数是不行的。之后,为了达到预期的利用率,本书将会介绍更加复杂的双压余热利用系统,在本节中也会研究其他热力学因素的影响。当蒸汽压力确定,给出了余热锅炉设计,便可从实际船舶的低速柴油机动力装置中得到余热利用的最终可行性方案,这将在5.3节"先进低速柴油机动力装置余热利用的可能性"中加以讨论。另外,烟气余热和冷却水热量也可加以利用,这样就可以提出更多复杂程度不同的方案。这种方法不仅仅适用于新船舶,也是现役船舶的主要方法,当然,仍然要看其使用年限。由于冷却水套和涡轮增压器空气冷却热的品位低,动力装置效率的进一步提升要靠利用这些低品位热量代替饱和蒸汽消耗和加热锅炉水。最终可以提高余热锅炉产汽量和汽轮机输出功率,然而这种提高要受到低品位热量消耗设备选型和布置的影响,因此,综合余热利用系统得以建立。除了得出的利用效率数据,它的利用率也是十分重要,尤其是当电力或者热量短缺导致余热利用系统失效,进而使汽轮机输出功率非正常损失时。因此,应该全面研究如何弥补突发热电短缺情况的有效方法。在很大程度上,环境温度和主机负荷直接影响综合余热利用系统的效率。随后列举了此次研究中要考虑的3个主要环境条件,实际上这些将会囊括整个贸易区域。但同时,船体是个移动的物体,航行环境温度将会显著变化,本书将研究其影响。最终,可以预计根据主机类型、航行区域和其他因素如何安排船舶动力装置。

烟气侧污染系数也是个重要参数,它不仅决定了换热效率,而且对对流受热面的可靠性有很大影响。因此,在第 6 章"现役动力装置污染系数的决定因素和所得结果的可信度"中详细研究了适用于现役船体的原始污染系数。在第一部分,通过对现存不同研究的全面分析,得出了原始的烟气侧污染系数。虽然有很多燃油/燃煤锅炉的研究,却只有很少的文献是有关于余热锅炉的。因此,将现有的数据严格修订,并在此基础上提出补充,这将对商船上余热利用系统的安装有实际效益。这些信息对锅炉设计也会很有价值。本章的第二部分讨论航行中船只的现役整体动力装置的实际污染系数。因为不可能直接得到已安装的余热锅炉准确的污染系数,那么只能通过进行余热利用系统大量的热学测量,计算对流受热面传热方程得到。通过误差来评估得到结果的可信度,发现其值可接受。根据实验结果,可以得出:在要求的系数误差范围内,现有方法是可行的;通过进一步改善实验测量方法,可以进一步提高结果的可信度。另一个重要的结论是:事实上锅炉每个组成部分的污染系数都大为不同,如蒸发器、省煤器或过热器。

在结论部分,不仅给出了主要结论,而且对在现有研究基础上深入研究的可行计划进行了阐述。

研究目的

本书研究的对象是专门为主机是柴油机或先进燃气轮机的船舶动力装置更深入发展所设计的余热利用系统。因为余热锅炉是主要的组成部分,在确定的锅炉尺寸下建立新的数学模型。为了达到单位体积的最大输出功率,根据提出的方法对余热利用系统进行了全面的优化,并且考虑到了不同的热力学、几何学特性和布局所带来的影响。另外,本研究中也考虑到了先进的低速柴油机,尽管它最终的余热利用可能性很小。由于污染系数对对流传热有很大的影响,所以本书也将其作为研究重点。

研究创新

本研究所得出的结果和结论如下。

(1) 本书为尺寸合理(尤其是高度尺寸)的余热锅炉和余热利用系统,即确定了受热管束和受热面的数量,建立了非线性方程的数学模型。

(2) 为了达到单位体积的最高输出功率,根据这种方法对于余热锅炉最佳尺寸和余热利用系统热参数进行了全面的研究。因此,该研究分为以下几个步骤。

① 在尺寸不限时,本书分别研究了锅炉各个组成部分的影响。最终在确保动力装置输出功率达到最高时,得到最终的锅炉受热面。

② 在确定的锅炉尺寸下,研究了蒸汽压力对于余热利用系统参数的影响。

结果提出了一种确保汽轮机最高输出功率的蒸汽压力优化方法。同时，当考虑到余热锅炉烟风阻力的不利影响时，提出了对于蒸汽压力的另外一种优化方法，但压力比第一种要低。

③ 在锅炉尺寸（如高度）确定不变的条件下，研究了各个锅炉组成部分的相互影响。在保证安全方面时达到动力装置最高输出功率的要求的条件下，最终可以得到对流受热面的最佳分配。

④ 在给定锅炉尺寸下，与带给水再循环的余热利用系统相比，研究了中间抽汽方式的可能性。由于提高了循环效率，降低了对烟气热量的需求，即锅炉出口烟气温度更高，因而减少了尾部受到含硫酸腐蚀的风险，尽管如此，额外得到的效率微乎其微。锅炉受热面内部的再分配，倾向于减少省煤器尺寸来增加蒸发器尺寸。

⑤ 换热管加肋是提高单位锅炉体积对流受热面大小的一种有效方式。结果可确保锅炉尺寸下降约 25%，这对于特殊船舶来说非常重要。

（3）对于先进的低速柴油机动力装置来说，由于余热利用潜力的降低，需要运用不同的方法找到余热利用系统更多的应用价值。

① 因为主要目标是确保汽轮机的最高输出功率，在确定烟气冷却率的条件下提出另一种方法。

② 对于上述船舶动力装置来说，以上的任何一种优化后压力的实际意义不大，因此，要结合热力学和尺寸因素来选择更有价值的数据。

③ 考虑几种不同的利用冷却水热量的方法，构造出综合余热利用系统，并对其在不同贸易情况下的效率进行了研究。

（4）在本书的实际应用部分，提出了如何得出动力装置污染系数的方法。研究发现，在一定条件下该方法也是有效的。得出锅炉每个组成部分污染系数的方法，对于锅炉效率的计算并不是个重要的因素。

衷心鸣谢

我十分感谢我的研究指导教授 V. A. Semeka，是他提供了研究的主体思想。鉴于其作为工程师和科学家的研究背景和经历，在研究过程中，V. A. Semeka 教授增加、修正了很多想法，其中有很多新颖观点对未来深入的研究有指导作用。

另外一位指导我完成研究的是 Juris Cimanskis 教授。当研究低速柴油机系统时，他提出了很多宝贵的建议。

我还要对 Janis Viba 教授表示感谢。他发现已做的研究对岸基安装的动力装置也是有价值的，并给出了很多建议，这些都是本书的亮点。

感谢 Janis Auzins 教授对于如何找到核心思想所提出的宝贵建议，如多参数优化，这一点在下面的研究中应该继续完善并加强。

Janis Brunavs 教授和 Viktoras Sencila 教授也为研究的完成做出了有价值的贡献。

第1章　发展余热利用系统的必要性

本书研究的对象是作为船舶推进装置中一部分的余热利用系统,其推进发动机既可以是柴油机也可以是燃气轮机。余热是指可以有效转换成船舶推进、电力或者是其他动力而不用燃烧燃料的热量。余热的主要来源是主机排气的热量,应优先考虑这部分热量的利用,因为在燃烧产生的总热量中,对于先进的低速柴油机有 26%[70,110] 被排气带走,而对于燃气轮机则高达 35% ~ 50%[81, 93, 101, 113]。此外,另外一部分值得回收利用的余热存在于发动机的冷却介质中,如冷却水、滑油等,尤其是在船舶柴油机中。尽管这部分能量的利用潜力相对较小,但有效的利用仍可提高总体的经济效益。本书研究的主题是排气余热的高效利用,余热利用系统的主要组成部分是余热锅炉;像大多数先进的系统一样假设,用传统方法利用排气的热量产生动力时,所产生的动力要么转化成船舶推进力要么转化成电力供应(参见图 1.1)[1,7,13,27,118,147]。有时候,只产生饱和蒸汽将会更有价值,尤其对于某些特定的船型,这样会使效益更高,例如,运输高黏度原油、化学品船舶,船上必备的原油加热锅炉就可以用这种余热锅炉来代替。

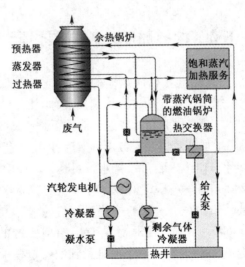

图 1.1　余热回收系统

为什么要再次研究余热利用系统? 关于这个问题已经做了许多研究,而且在不同程度上,余热利用系统成功地引入并应用在贸易运输船舶。本书研究的原因是多方面的,当然最主要的还是经济效益问题,然而确保环境安全也是重要因素。环境安全由不同的国际和国家间法律法规加以支持[38]。

1.1 燃料价格的影响

首要的也是最核心的问题,仍然是节约燃料,燃料的费用通常占了所有船舶运输相关费用的50% ~55%。在20世纪70年代,当时高品质燃油的价格不到20美元/t,到了2008年7月低品位重油价格就上涨到了615美元/吨以上,使得节约能源显得至关重要。对于一艘中等货船(载重吨位20000t左右)来说,耗油量大约是20吨/天,花费的费用(此处考虑的是热值最低的重油IFO380)大概是20t/天×300工作日/每年×615美元/吨 = 3690000美元/年(鹿特丹港的IFO380价格在2008年7月是615美元/吨)。高效油船的服役年限一般是25年,也就是说每艘船总共花费的燃料费用高达3690000美元/每年×25年 = 92250000美元,而类似的新船造价大概是42000000美元。目前燃油费用是造船总价的两倍以上,而且实际上燃油价格影响仍有上升趋势。显然,任何节约燃料的措施都是有益的,例如引进先进的余热利用系统,即使按最低效率3.5%计算,一年大约节省129000美元,而在一艘船的服役年限节省的费用不低于3230000美元。不难看出,即使是基于非常保守的数据估算,最终结果也令人非常满意,这就是为什么要对余热利用系统的用途进行深入研究的原因。

1.2 世界船舶运输发展因素

另一个重要的出发点是世界船舶运输的发展,它极其依赖全球经济形势。由于世界经济的增长,船舶工业开始进入快速发展,尤其对货船的发展产生重要影响(参见图1.2)[56,64,77]。集装箱货船的运输费用是最高的,因此为了减少运输费用,应该优先考虑增加装载集装箱数量和航速,即增大货轮的尺寸。现役最大的集装箱船可达9600TEU(标准箱),排水量可达115000DWT(DWT ≈ 2000t)(参见图1.3)[35],然而在下一个10年,或许可以看到10000 ~ 12000TEU,甚至是18000TEU的集装箱船。对于未来的这些巨型货轮,推进系统的功率可能需要达到100000kW/136000HP[78],同时对于商用船型要求的最高船速要达到18 ~ 22节。因此,对推进系统提出了一个很难达到的特定要求,就是为了尽可能多地节省货船空间尽可能减少动力装置尺寸,以达到最高的运输效率和输出功率。实际上在过去几年中,集装箱船的航速需求一直在提高,超巴拿马型散货船甚至达到了22 ~ 26节。

图 1.2　世界航运业发展

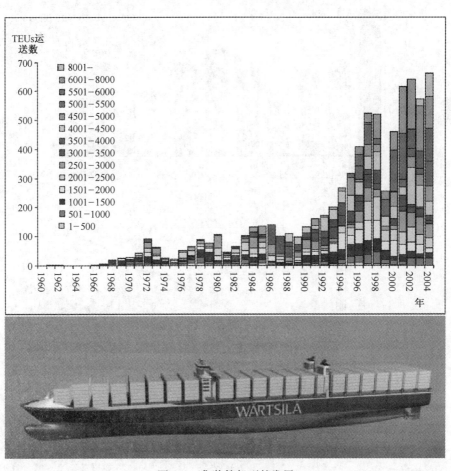

图 1.3　集装箱船型的发展

　　油轮航速大概是 13~16kn,尺寸也有增大的趋势(参见图 1.4(a))[31,77],伴随着动力要求同比例的增长[55,64]。化学品运输船由于其复杂的贸易形式要特殊考虑。尽管一般要求船舶尺寸要比大型灵便型散货船小,但由于货物单元的配置甚至会导致动力输出功率的显著增加,从而使动力装置的配置可能会相当复杂。配备中速发动机的电力推进装置,对于这些船型是特别经济且很具有吸引力的解决方式,因此,装配排气余热利用装置会很有前景。高黏度货物运输需求的增长(参见图1.4(b))[31],例如,植物油、动物油和高浓度酸等,使得用于加热的饱和蒸汽的需求量增加。因此,在运输过程中用更加简单的余热利用系统代替辅助锅炉,将是一项极有益、可行的改进。考虑到这种交易地理位置,主要位于低纬度和高气温区域,只用余热锅炉大概就可以满足高黏度货物的加热要求,特别是新一代的双体油轮。

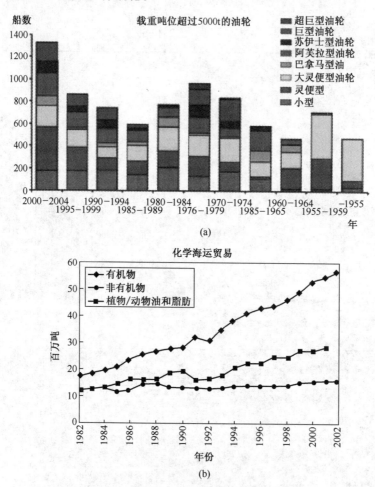

(a)

(b)

图1.4 高黏度货物运输船发展情况
(a)油轮航运的发展;(b)化学品运输船贸易。

对于除了平均尺寸相对于油轮较小的船舶,其他大型运输船舶也都有尺寸快速增大的趋势。占得订单已有船舶份额最大的船舶,是介于大型灵便型散货船与巴拿马型散货船之间的大型船舶,其次好望角船型也占有相当大的比例[54]。

　　液化天然气船虽然占有份额很小(约是全世界油轮的 2.5%),但由于天然气消耗在世界范围内的迅速增长使得这种船型快速增长,为了在不同程度上引进余热利用系统,对本书的研究提出了一定的挑战。液化天然气船的尺寸通常是特别大的,目前在建的最大的船舶可运输 145000m³ 的液化天然气。尽管容量在 200000~240000m³ 的液化天然气船已经处在研究阶段,但船舶长度和体积的增长也导致现有动力的兼容问题,因为它本身为小船型设计。在运输过程中一部分天然气会汽化,装卸时比例约为 0.15%,装在船舱时比例为 0.10%。为了利用这部分汽化的天然气,蒸汽轮机动力装置是目前主流的备选方案。一些生产厂家出于更高的热效率考虑用柴油机代替,但只有一部分汽化的天然气得到了利用,反而降低了最终的总效率。因此,在汽化的天然气可以全部被利用以取代燃料舱的情况下,本书提出了另外一种备选方案,这种解决方法就是配有余热利用系统的高效的先进燃气轮机,也可以称为 COGAS 系统(参见图 1.5)[61],其热效率可达 45%~50%[57]。

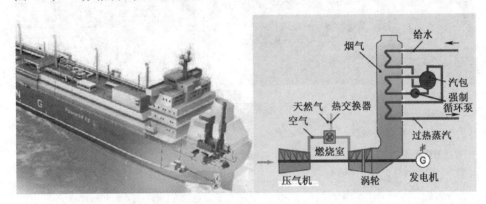

图 1.5　液化天然气油轮和燃-蒸联合循环动力装置

　　载有包括乘客、车辆或者货物的组合运载的不同滚装船型,对运费高昂的货物运输来说,既经济也很有吸引力。在欧洲,它甚至被即将颁布的法律法规所青睐。因此,在高航速成为市场竞争力的推动力的情况下,载有汽车和乘客的客货两用船的船型在相对短程海运方面(1~3.5 天)成为一种越来越有吸引力的运输方式。作为惯例,大功率中速发动机是解决有限发动机空间的最好解决办法(参见图 1.6)[36,63]。另外,柴油机-电力联合装置是另一个很有吸引力的解决方式,它有以下几个特点[37,49]。

　　(1) 发动机舱位置灵活;

　　(2) 在不同工况下可根据需求来调节使用动力;

　　(3) 可通过调节发动机的工作数量优化发动机负荷;

（4）可以保持发动机稳定转速运行；

（5）最优燃料消耗和排放；

（6）电动机的高扭矩特性允许使用具有更高推进效率且压力侧空化较小的定螺距螺旋桨；

（7）高投资成本；

（8）传动损失较高。

最大的优势在于船速的灵活调节，完全不会增加燃油消耗，只需在回路结合处选择合适的柴油机即可。小尺寸高密度动力装置对余热利用系统的安装有特殊要求，同时也是比较经济的选择。

尽管总载重量的增长不代表运输船舶功率有同等比率的增长，但它反映了市场上船舶发动机输出功率在不断增加[75]。也意味着每单位的 GRT 动力密度在不断提高，这也是余热利用研究的另一个影响因素。

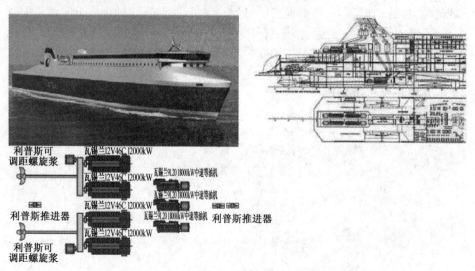

图 1.6　客货两用轮的先进机械

1.3　贸易区域因素影响

船舶航区是另一个影响余热利用系统效率的重要因素，运行效率与周围环境和气候有很大关系。当轮船行驶在气温较高的区域时，发动机的排气温度和余热利用潜力增加，因此由于发动机消耗热量较少，余热利用率收益将更大。能源是世界经济的推动力，也就是说原油和未加工的产品运输是第一位的，因此可以预测油轮的运输路线主要位于温度比较高的地域（参见图 1.7（a））[55]。航程中周围环境空气以及海水的年平均温度大约在 22℃～25℃，这种环境正好适宜余热利用系统的安装和高效使用，但油轮只是整个船舶的一部分。全球海运

16

交通密度主要依赖于特定的国家经济的发展。中国的东海岸、印度半岛是经济迅速发展的几个区域,除了一些大型货轮的运输外(参见图1.7(b)),这些地方建有或正在建许多造船和船舶维修设施。另一方面,一些产品的交易大多在美国以及欧洲这些发达地区进行,在相对高的室外温度下会有很长的航行时间(长达30~40天)。这两个因素都使余热利用系统的热效率得到提高,因为在长期航行期间,主机的负荷保持不变可使蒸汽轮机稳定并连续工作,这使得它的利用过程在船舶建造过程和使用过程变得简单,也就是不存在可能会导致某种故障或者最终经济利益严重损失的不同工况。

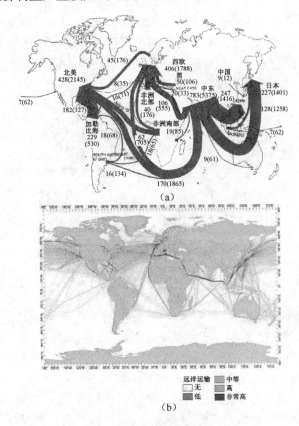

图 1.7　大型货轮运输线

(a)原油和产品贸易航线;(b)预计航线。

另外,经济发达地区,也就是欧洲北部、美国海岸包括五大湖区(参见图1.7(b))的运输密度和路线都需要特殊考虑。尽管环境温度比较低且气候不太稳定,尤其是在北海地区,但由于对环境安全和清洁度的法律要求很高,节约能源和余热利用率更受关注。反过来这导致需要安装额外的设备和更优质(高等级并且价格合理)的燃料。最后的结果就是经济利益得到充分的提高。

17

1.4　环境要求的影响

前面已提及,另外需解决的问题是燃油使用中(《国际船舶防污染公约》附则 VI)对废气排放控制和脱硫处理的更严格的环境要求。为了控制并减少空气污染,IMO 会议专门设定了船舶燃油硫含量被限制在 1.5%以下的特定 SO_x 排放控制区域。第一个特定区域是从 2006 年 5 月 19 日开始的波罗的海;从北海地区到英吉利海峡是第二个特定区域,从 2007 年 11 月 19 日开始(参见图 1.8)[38]。欧盟委员会对内陆船只及在欧盟港口停泊的船只燃油的硫含量限制进一步降低到 0.1%,这也被主要的船舶公司遵循。这些条例使得与耗油有关的运行成本变得更高,也使得任何节省耗油带来的经济收益都变得更有吸引力。此外,引进余热利用系统也可降低尾气的排放。

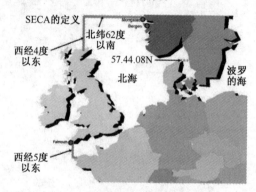

图 1.8　绘制的 SECA 区域

《国际船舶防污染公约》附则 VI 在另外一方面也限制 NO_x 的排放,适用于新建的以及在 2000 年 1 月 1 日后大修过的船上的发动机。为了满足此项要求(参见图 1.9),柴油机需要进一步改进和升级,这需要花费大量的时间,重新调节压力以及特殊设计的喷射系统元件(喷油嘴、油泵)、凸轮轴、燃烧室(活塞、气缸盖、缸套)等。因此对于先进中速柴油机 MAN B&W 型号 V 48/60(400~450r/min)最佳的氮氧化物排放量降低到了大约 $12g/(kW \cdot h)$(参见图 1.10)。通过一些辅助技术,例如,喷水、选择性的催化还原,可以将 NO_x 水平降到更低。同时,当船舶主机采用燃气轮机时,不用任何措施就可降低 NO_x 的排放(参见图 1.10)。

尽管燃油费用更高但由于不可替代的优势和技术快速发展,燃气轮机作为动力装置的主机仍很受欢迎,特别是对于一些速度要求较高以及运送贵重货物的特殊船型。客船或巡航船是特例,其舒适性对市场竞争力有很高的价值。减振降噪对提高船舶服役期限和安全性至关重要。新的推进系统采用燃—蒸联合动力装置的交流发电机驱动电机推进,MILLENNIUM 是第一个使用这种推进方

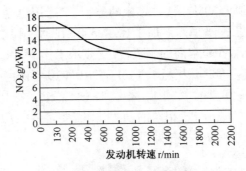

图 1.9　柴油机氮氧化物的许可排放量

船舶原动机的氮氧化物排效量(g/kW·h)	MAN B&W
IMO对于柴油机氮氧化物限制值(400~450r/min)	13
MAN B&W V 48/60,NO_x-opt	12
V 48/60,NO_x-opt,+燃油乳化法(15%~20%)	8~9
带有直接喷水系统的发动机(50%~60%)	6
有HAM技术的发动机	3~4
有选择性催化还原的发动机	2
无直接喷水系统的船用燃气轮机	5
无直接喷水系统的燃气轮	2~3

图 1.10　船舶原动力的氮氧化物排放

式的巡航船。这个系统满足了几个船型,将越来越多地应用在新建船舶上。这是一种创新的技术,推进技术是除了市场、经济规模、可用的新工艺等外,代表一个产品运输的重要元素,当然也是巡航船设计的主要考虑因素。

这种系统的主要优点如下。

(1) 开发成本降低(维修更容易且成本更低);

(2) 减少有害物的排放(部分原因是用燃油代替了固体燃料;降低了80%的氮氧化物以及90%的硫氧化物的排放);

(3) 体积与重量方面的优势(尤其是与 Azipod 推进器相结合,约节省 900t,相当于 7.2~9.0 百万欧元,并且可以增加 50 个乘客舱室,20 个船员舱室);

(4) 噪声低,振动小,舒适性更高,故障率低。

下面简要介绍这个系统的工作过程:作为推进动力和满足船舶其他用途的电力产生于燃气轮机和汽轮机联合循环。两台主交流发电机(25MW,3600r/min)由两台通用电气生产的 LM2500+燃气轮机带动。LM2500+是由航空燃机改造而成的。每一个燃气轮机都配有一个余热锅炉(用来利用燃机的余热),锅炉产生的蒸汽带动汽轮机(两台燃机余热产生蒸汽都进入这台汽轮机)转动从而驱动发电机发电(发电机功率为 9MW)。这样输出热效率达到 43%,

而只有燃机工作时则为39%。这种燃机的原型,是通用电气LM2500长期用在美国海军以及其他国家海军的船舶上(LM2500+在动力性能比原型机提高了25%)。这是一种可靠性非常高的燃机,数据显示工作48800h只出现了一次故障,值得庆贺的是,这48800h相当于MILLENNIUM 10年的商业用途。而且即使是出现了故障,只用8h就可以完成替换工作(备用的燃机装在船上)[16,39,40,44]。为了获得与之相同的动力,就需要多台大功率柴油机,同时维护费用、噪声和振动也会更大(参见图1.11)。

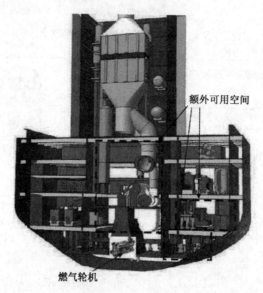

额外可用空间

燃气轮机

图1.11 低速柴油与燃气轮机机舱布置图对比

数据显示现代燃机的润滑油耗率只有柴油机的1%,而燃机所用的合成润滑油的价格相比柴油机用的润滑油却高很多。但是燃机平均每年润滑油的费用是柴油机的6%。需要指出的是,由于润滑油的花费几乎不会影响到船舶的总运营成本,燃气轮机的此项优点并不显著。

燃气轮机作为主机很有前景,但不配备余热利用系统的燃机相比于柴油机竞争性会大大降低。尽管在发动机领域出现了许多技术创新,但在船舶发动机领域低速柴油机仍占有很大的市场。基于以上考虑,根据主机类型,更深入的研究将分为两种主要类型。

1.5 先进的低速柴油机作为主机时船舶动力装置热效率的提高

近些年来低速柴油机的性能大大加强,主要有以下几个创新使得燃油油耗

降低到了目前的 $165\sim163\mathrm{g}/(\mathrm{kW\cdot h})$。

（1）以前广泛应用于二冲程柴油机的回流扫气换气循环系统被活塞直流扫气代替,因此明显降低了循环中残留的排气。

（2）活塞直流扫气系统使得行程缸径比提高,相应的热效率也有很大提高,而同时柴油机的尺寸也有所增大。

（3）发动机的速度降到了 $84\sim80\mathrm{r}/\mathrm{min}$ 使得推进效率得到提高,但同时也导致重量有所增大。

（4）燃油喷射系统升级为电控共轨燃油喷射系统,保证在全工况下有效定时。

（5）将缸套冷却水温度从大约 $60\mathrm{℃}\sim65\mathrm{℃}$ 增加到 $80\mathrm{℃}\sim85\mathrm{℃}$,可以减少热损失,从而提高热效率,但这也增加了主机的热应力。

最后,总的热效率可高达约50%（参见图1.12（a））,剩下的50%余热 Q_{h1} 排放到环境中[33,121]。

通过对 Q_{h1} 尽可能多的利用,可以进一步提高燃料的利用率。但怎样利用这部分余热呢?

（1）通过产生蒸汽的方式来提供额外动力或者热量消耗,余热利用可占排气总能量的约 25%～27%。

（2）采用直流扫气的柴油机,排气温度得到提高。

（3）通过利用汽缸套冷却水和扫气中的热量来加热蒸汽系统中的给水。

（4）利用汽缸排出的烟气动能来带动力涡轮,在大功率柴油机上尤其适用。而今现代高效的涡轮增压器在高负荷范围时,能量过剩,可以在涡轮增压器之前对排气进行分流带动动力涡轮。

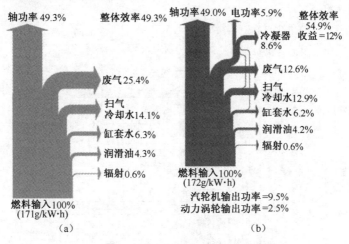

图 1.12　大功率低速柴油机能量分布

（a）苏尔寿 12RTA96C 型大功率低速机热平衡;（b）余热利用系统的影响。

最终这部分热量可以通过汽轮发电机或者小型化的动力涡轮来发电(参见图 1.12(b))[72,110]。但同时涡轮复合系统的安装也伴随着主机效率的损失。在本书的研究中,由于仅有特例满足大功率柴油机[70],这种具有动力涡轮的先进余热利用系统不在本书研究范围之内,但这种方法也可以作为一种利用大量热量不错的选择。为了保证获得更多的余热利用,建议利用缸套冷却水和扫气热量代替高品位的饱和蒸汽满足低品位能源的消耗。当然,这种先进的系统应当根据不断增长的换热器尺寸进行全面评估,然而这种评估在不同程度上已经被工作经验所代替[74,78,88,148,149,151]。上面已提及,在更加严格的环境法规下,主机排气中的 NO$_x$ 含量被限制在一定的水平,在这种技术条件下,并没有达到发动机热效率的最高点。因此为了达到热效率的要求,就需要进行相应的燃油定时,而通过调整 NO$_x$ 就会导致相当于增加 2g/(kW·h) 燃油消耗。有时候这也不能达到法规要求,此时提出了另外一种在燃烧过程中向缸内直接喷水的技术用以降低 NO$_x$ 排放。1993 年以来,在瓦锡兰低速机运用并发展了这种直接喷水(DWI)技术,可以直接降低循环的温度从而降低 NO$_x$ 的生成。该技术可以保证水在正确时间以及位置注入得到 NO$_x$ 最大减排量。大约使用 70% 的水,DWI 已经可以将 NO$_x$ 的排放量降低到 8g/(kW·h),或者说比 IMO Tier 1 还要大约低50%。相关燃料消耗的损失也被控制在 5g/(kW·h) 甚至更少[37,80,101,110]。这种研究报告要求使得柴油机的效率严重下降,而发动机排气的余热却更多。这样安装的余热利用系统可以利用这部分热量从而使得动力装置整体的效率得到保障。根据已经做出的研究结果显示,任何已发明的降低 NO$_x$ 排放的系统都会伴随着燃油消耗的增加,但余热利用系统可以同时保障最高的热效率以及降低NO$_x$ 和 CO$_2$ 的排放(参见图 1.13)。

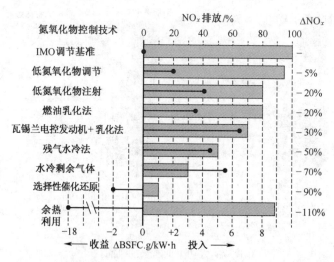

图 1.13　不同排放控制技术中氮氧化物排放和比燃油消耗的变化

1.6 燃气轮机及其性能特点

在海洋工业领域,燃气轮机是一种相对新型的发动机。燃气轮机连续地将燃料化学能转变为机械能输出扭矩,与柴油机周期性的做功过程相比,单位设备体积可以产生很高的动力。目前,燃气轮机主要应用于沿海工厂、航空工业、天然气管道运输、海军等。同时,也由于它的紧凑性,越来越多的燃气轮机型号成为对海上航运船舶具有吸引力的解决方案。燃气轮机的类型分为两种:工业类燃机和航空类燃机。工业类燃气轮机通常是回热型的,热效率可达约 $\eta_t = 38\%$ 甚至更高,但简单循环的燃机效率大概只有 $\eta_t = 32\% \sim 34\%$ [9,11,25] (参见图1.14)。燃气轮机的热效率可以通过压气机中间空冷系统得到提高,这部分热量也可以被利用;当调节燃气进口温度约到1150℃时,效率甚至达到42%(参见图1.14) [6,32,59,,90]。

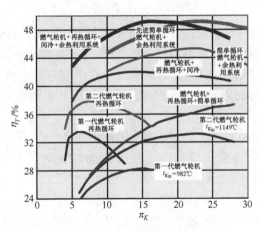

图1.14 燃气轮机循环效率

简单循环航空燃气轮机最大的优点是其单位功率输出重量(kg/kW)是极高的。通用电气公司生产的LM2500型船用燃气轮机的功率输出重量(kg/kW)达到0.925kg/kW,但当进气温度上升时,它有下降的趋势甚至达到了0.210 ~ 0.315kg/kW [40,46,67]。另外一个很大的优点是燃气轮机的装配更换零件修理工作可以在货物于港湾装卸过程中同时进行(约18h)。算上备用零件、相关船舶系统、COGAS船舶动力装置、减速装置、蒸汽机和余热锅炉,单位功率重量可达7.5kg/kW,而相似的工业燃气轮机配备发电机则高达20 ~ 25kg/kW。与之相比,先进低速柴油机作为主机的船舶动力装置则高达50 ~ 65kg/kW。因此采用航空类型的燃气轮机作为船舶推进装置是有吸引力且有前景的替代方案。但是由于以下几个原因燃气轮机目前为止一直没有在船舶领域广泛应用。简单循环燃气轮机的效率比低速柴油机的效率低很多,燃气轮机只有32% ~ 34%,而柴油机则高达 48%~50%(参见图 1.14)[16,49,59,130]。增加燃气轮机效率的主要方法是保证提高第一级涡轮的进口温度,但这受钢材性质的限制。然而这些年来金属理论发展很快,人们发现陶瓷材料作为基底的新材料很适合叶片的生产与制造,因此进气温度平均增幅可达 10~15℃/年[46,67]。第一代船用燃气轮机进口温度在 850~950℃,第二代则可达 1150~1200℃,服役时间可达 50000h,同时效率也大大增长。现阶段借助新的技术进气温度已经达到了 1260~1350℃。除了材料的发展,也提出了内部叶片冷却的方案[65,85,90],它可以减小高温下对材料的不利影响,且已经有效应用在工业领域[69,71,105]。

航空燃气轮机的另外一个缺点是对燃料油品质特别敏感。主要的船用重油(HFO)IFO380/180 有很高的钒和钠含量,尤其是在高温腐蚀的情况下对第一级叶片的寿命有很大的不利影响。此外,在第一级叶片中由于进气的速度很高,油中硬的化学杂质对叶片的磨损作用也造成很大的危害。而用品质较好的油又极其昂贵,IFO380/180 与 MGO 的价格几乎相差 2 倍,因此在实际运行过程中提出了另外一种方案[41,47,48,58,71,130]。

(1)利用低压和高压过滤器将杂质控制在 10~5μm 以内。

(2)采用备用油箱防止其油箱干涸,使用镁添加剂可使钒沉淀。

(3)"洗油",就是将油和干净的水混合在一起再将水分离就可去除杂质。溶于水的钾和钠可通过这个过程去除,同时利用其他破乳剂也可以去除其他杂质。

(4)通过静电或者离心的方式来去除油中的杂质。

(5)在油燃烧之前主要加入一些含镁的添加剂从而将 V_2O_5 的熔点从 675℃提升到 1200℃甚至更高。

HFO 分子是一种十分复杂的聚合物,因此在航空燃机有限的燃烧室空间内的燃烧就会很困难,需要燃烧室特殊设计。同时,微量的钒对燃烧也有一定的帮助。通过将油和水(比例占 10%~20%)混合成乳液[41,101]燃烧,从环境保护的角度来看是一种很好的做法。为了保护叶片避免腐蚀,在其表面涂上陶瓷材料也是一种很好的方法。

基于以上列出的一些优点,本书选用航空燃气轮机作为船舶主机的理由,可以总结如下。

(1)较轻甚至最轻的总体动力装置比重。

(2)相比而言发动机需要的空间最小。

(3)初期费用最低。

(4)备用零件和系统最少。

(5)减少了 NO_x 以及其他气体的排放,是一种环保型的发动机。

(6)振动小,目前的经济指标没有将振动情况考虑进来,实际上振动能引起较为严重的副作用。

24

（7）润滑油耗量小。

（8）安装费用低，不需要特殊的装置固定燃气轮机。

（9）减少了维修费用和时间。

（10）易于自动化控制。

（11）可以进行模块更换式的维修。

但同时简单循环燃气轮机效率不高，周围环境波动时运行也不能保持稳定。而有回热循环的燃气轮机除有以上提到的优点外，燃烧室足够大可保证 HFO 的燃烧，排气温度足够高，能达到 230~300℃，既可保证高效率也使热量很充分地利用（参见图 1.14）[8,99]。这样配备余热利用系统会使动力装置更加强劲。因此航空燃气轮机配备余热利用系统是最好的选择。再通过蒸汽锅炉利用排气的热量并转化为额外的动力（参见图 1.15），COGAS 动力装置类型的效率就可比肩于先进的低速柴油机类型。此外，余热利用系统也可以降低燃气轮机在航行过程中环境引起的不稳定性。汽轮机既可以增加动力，一些研究[22,50,101]还提议将过热蒸汽注入到燃烧室中。这个提议虽然效率比 COGAS 类型低，但其发展空间很大。不过，由于燃烧和水回收技术的发展不够完善，这个提议只停留在理论上，另外不断增长的蒸汽量的影响也得考虑在涡轮的计算中，尤其是其对锅炉尾部受热面的腐蚀和摩擦影响。综合研究发现，传统的 COGAS 动力装置配备余热利用系统（参见图 1.15）是目前最优的解决方案[8,29,113,130]。

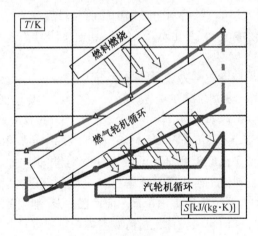

图 1.15　燃-蒸联合循环

1.7　研究现况

综上考虑，本书发现了非常明显的问题：这项研究提议方案的研究并不足够透彻。当然，不同领域的研究人员、研究所以及工程技术中心都做了许多的研究。首先,不同的发动机制造商,例如,M. A. N/B&M ,SULZER 等都提供了不同类型、等级和可能运行工况的发动机余热利用能力的原始数据。此外,不同的研究人员提出不同的余热利用方案,同时提供的方案也是本书的重要补充。一些知名船用锅炉制造商(如 Aalborg 工业公司)可制造多种类型的锅炉,其中也包括可制造适用不同条件下的余热利用汽轮发电机类型。这个领域最新也最吸引人的研究成果是由著名的 Peter Brotherhood 有限公司的工程中心取得的,他们发明的蒸汽—动力涡轮联合装置,被引进到了大功率低速柴油机的电力装置中,并且安装在了巴拿马型货船上。博士 V. I. Enin 教授以及科学家 G. T. H. Flanagan 和 B Brucker. 两位科学家建立了包括余热利用系统在内的不同锅炉的解析模型,当然也有余热利用系统的模型,这些模型是基于陆上电厂,电厂的锅炉尺寸是取决于已定的蒸汽参数。一些研究人员,如 A. G. Kurzon, B. S. Judovin, W. Horst Koehler. , F. J. Brooks, J. Woodward 等,通过引进和比较不同的热力学计算方法,研究了余热利用的可能性,对燃气轮机和柴油机的循环也进行了对比。对于燃气轮机热效率的进一步提高,本书考虑通过改变叶片以及一些其他的冷却或者利用措施,这些方法被一些科学家和工程师,如 Baily, David L. , Masashi ARAI, Takao UGIMOTO ,ISHIDA Katsuhiko ,Tetsuji Hoshino , N. A Dikij, G. G. Zharov, L. S. Vencjulis, G. A. Artemov 等人所借鉴引用过。一些科 学 家, 如 V. V. Lazarev, L. S. Landa, O. G. Levchenko, G. I. Levchenko, P. G. Bistrov, K. S. Chana 等,都对余热锅炉受热面对热效率的独特影响进行了一些研究,但主要的解析方程是由 A. S. M. E. 和 C. K. T. I 以及其他一些研究所编制成手册的。

如何有效利用柴油机动力装置的热量,人们已经做了很多的研究,提出各种不同利用余热的方法。在减少排放方面,一些科学家和工程师,如 Heinrich Schmid, German Weisser (瓦 锡 兰 公 司), S. Bludzuweit, H. Jungmichel, V. G. Agafonov, S. V. Kamkin, I. V. Voznitsjij 和 V. V. Maslov. 等都做了许多研究。

从上面看来似乎已经没有研究可做,但事实上并非如此。下面的一些想法是应该考虑并深入研究的。由于热效率已经全面研究过,其不是本书研究的重点,本书致力于动力系统的最优化布置。前面已提及,船上的可利用空间的大小既影响到商业利益同时也是设计人员需要考虑的重要因素。因此应该严格限制余热利用系统的空间布置,尤其是余热锅炉,它是整个系统主要组成部分,也是最大的组成部分。考虑了安装的各种可能性和技术条件(如管束流通截面烟气速度的许用最低值),本书研究发现只有锅炉的高度是影响到船舶设计对流受热面的主要严格限制因素。另外空间尺寸也影响到锅炉造价和运行后的维修费用,因此得到的收益理应高于支出费用。如何才能做到这一点呢? 答案就是将锅炉的修理费用和高度考虑到余热利用系统的模型中。基于这个系统,最好的锅炉受热面中的相互关系可通过不同运行工况得出。同时,蒸汽压力也是最优化需要考虑的一个因素。最后,可基于维修费用和尺寸条件,选择最优化的系统和余热锅炉。

对于配备低速柴油机的船舶,简单余热锅炉是常用配置,而由于安装先进的余热利用系统最终效果不明显,故很少被采用。因此对于船舶锅炉制造商生产像 HRSG 一样复杂的产品不是一个明智的选择。新建以及实际运行中的动力系统,当热能和电能都需要有效利用的时候,如果它们突然供应不足,就会严重限制 HRSG 系统发挥作用。在毫无准备的情况下,热效率严重损失,系统可靠性降低,这样就很难被人接受。因此为了使这种系统能够吸引船东,应该在确定的冷却比率下进行锅炉的优化处理,即锅炉对流受热面的重新分配。此外,其他地方的热量利用也应该进行考虑,热量/电力的供应比例也应该在船舶的不同运行工况下都安排计算好。只要以上的要求达到了,这种系统就可以作为最优的发电装置,既有很强的安全性又使热效率也满足要求。以上这些信息和要求,与船舶设备制造商信息一起,为船主以后建造一些特种船型提供很重要的技术信息。

1.8　小　　结

(1) 节省能源最主要的动力是一直上涨的燃料价格,因此,提高动力装置效率最有效的方式是利用排放到环境中的热量。

(2) 热损失的主要组成部分,也就是主机排气中的热量,无论何种主机都应该考虑其利用。

(3) 利用排气热量的余热利用系统是船舶发动机的最好选择(参见图 1.1 和图 1.5)。

(4) 即使将冷却水的热量也考虑在内,低速发动机引进余热利用系统所获得的收益也是最低的。

(5) 简单航空燃气轮机由于很高的排气温度和速度,引进余热利用系统是最有吸引力的类型。

(6) 世界船舶向更大、更快和更高输出功率方向发展的趋势对余热利用系统的引进有很大的贡献。

(7) 满足环境安全的要求,如在 SECA 海域(参见图 1.8),是另一个需要考虑节省能源的重要因素。

(8) 全球经济发展的趋势,越来越温暖的气候,降低了主机的效率,但汽轮机循环的加入,在一定程度上缓解了这种下降。

(9) 燃气轮机被用作船舶主机(参见图 1.11 和图 1.14),对余热利用循环的成功安装和运行,做了很大贡献。

(10) 对任何类型的船舶动力装置,做更深的研究,提高余热利用系统的效率,降低安装和维修费用,都是很有必要的。

（11）本章研究余热利用系统适用性,余热系统可以用在实际的船舶上并得出如下结论。

① 船型、尺寸、速度都对船舶主机及结果有直接的影响。

② 由于周围环境的温度水平,贸易区域直接影响到了船舶主机排气参数。

③ 货物类型,比如高黏度液体或者天然气,对余热利用系统类型选择甚至整体动力装置的选择都有直接的影响。

④ 发动机类型、速度和功率等级的选择是本书研究中的重要因素。

第 2 章 余热利用系统主要参数的选择

2.1 余热锅炉的选型

余热利用系统最主要的组成部分就是余热锅炉,其占据的空间相当大,并且是整个系统中价格最贵的设备。因此,针对具体情况下余热锅炉的选型应用,需要考虑以下技术要求。

(1) 自动化的适用性。

(2) 锅炉单位受热面积的高蒸汽产量。

(3) 高余热利用率。

(4) 长期使用的可靠性,良好的耐久性和维护性。

(5) 锅炉结构尽量简单,方便维护和修理(定期除灰,更换热管)。

(6) 足够高的蓄热能力,这是由锅炉水量决定的。在主机负荷波动时起到重要的平衡作用。

(7) 对锅炉给水质量要求尽可能低。

(8) 降低锅炉成本。

(9) 尽量减少重量和尺寸。

合理的锅炉选型,应该尽量满足以上的要求。在设计锅炉的几何尺寸时,要在考虑循环蒸汽的热力学性质的基础上满足以上要求。

由于自然循环锅炉结构简单、运行性能好(参见图 2.1)[7,88,102,146],使其成为很好的选择。自然循环锅炉的水容量相对高,决定了锅炉具有足够高的调节能力,因此,在主机负荷发生变化的时候能平滑过渡,锅炉控制系统也更加简单。另外,对锅炉给水品质的要求降低,既可以减少锅炉的维修成本也可以减少工作人员的检修次数。另一方面,自然循环锅炉在锅炉蒸汽产量明显降低时,锅炉效率很低,因此实际的烟气余热利用率 ψ 会远远低于设计值 $\psi = (t_{g_0} - t_{g_{exh}})/(t_{g_0} - t_a)$。不采用这类锅炉的原因是需要更大的空间安装这种锅炉(需要较大的空间安装烟气旁路装置见图 2.1),这样也导致锅炉烟气阻力的急剧增加。

采用自然循环燃油锅炉和省煤器组合结构是动力装置(参见图 2.2)一个很好的技术解决措施。当需要的蒸汽量超过柴油机运行时锅炉利用主机余热获得的产汽量时,燃油燃烧器开始运行。目前常用的组合型船用蒸汽锅炉将燃烧器排气和主机排气分隔开。省煤器中的一部分也作为柴油机的消音器,但是也常

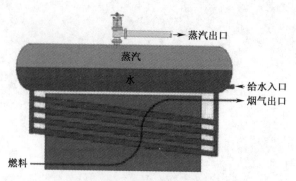

图 2.1　基于热虹吸原理的纵置汽包式水管锅炉

常需要安装另外一个专门的消音器。使用柴油机的排气当作燃油燃烧所需补燃氧气,虽然使结构相对复杂,却提高了经济性。对于以低速柴油机作为主机的动力装置来说,当蒸汽短缺时,利用这种方式可以有效并且迅速恢复蒸汽产量。同时,自然循环蒸汽锅炉的缺陷也在于它产出的饱和蒸汽只能用于低品位热消耗,如用来加热。

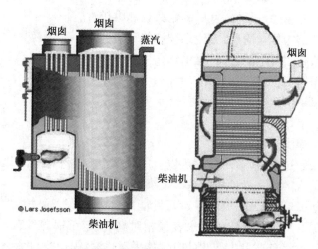

图 2.2　复合船用蒸汽锅炉

另外一个选择是强制循环锅炉,一般建议安装在船舶上[27,98],由于受换面之间的距离减小了,锅炉的尺寸明显减小,尤其是高度,可以到达一个非常好的程度。然而由于对水质的要求非常高,因此大大降低了设备的可靠性,任何一根管子的损坏都可能导致锅炉受热面破坏和余热利用系统失效,因此,在船舶工业上这种类型的锅炉还没有采用过。

　　结合以上总结出来的考虑因素,为了达到高的可靠性和效率[10,23,91,103,113],余热锅炉采用的是立方体结构的强制循环水管锅炉(参见图 2.3)。为了避免锅炉高度显著增加,管子在管束中的布置一般呈错列型,这样

30

受热面积与体积之比容易达到要求。在烟气流量高于 80kg/s 时,烟道截面需要变为原来的 2 倍,进口烟道可以分成两个,否则锅炉截面需要增大很多。这样的结果就是,管子的长度可以减少很多,因此也明显减小了流体阻力。另一方面,锅炉的加工制造也变得更加复杂,导致了维护可靠性的降低。尽管这样,对于大容量锅炉,增加烟道截面是一个很好的解决办法。否则,就需要增至 8 倍的管束数量,这样会增加管束高度,导致受热面烟气冲刷因子 ω 的减小,相应地导致了热效率的降低。累积的服役工作经验可以证明其工作可靠性,然而有时弯管接头损坏,会导致系统失效[14,27,99,104,108]。

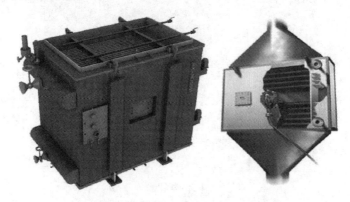

图 2.3　方型排气强制循环水管锅炉

2.2　锅炉腐蚀影响

锅炉设备运行期间内表面的腐蚀问题是另一个隐患。在水管锅炉中省煤器、蒸发器进口和管子弯头处的这些区域最容易被腐蚀。由于氧气的存在,导致了腐蚀的发生,然而像管子振动、部分负荷下的介质低速流动、管子焊接不合理等都影响了腐蚀现象发生的速率。当给水因系统密闭不好,或者没有按照既定程序进行处理而导致水质不达标时,锅炉水中的高氧气含量会导致内部腐蚀从而引起管子泄漏。鉴于这些隐患,应该安装适当的除氧装置来除去给水中的过多氧气含量[95,142]。特别是省煤器,可以设置最低的可接受的蒸汽/水流速,而管束与管子几何尺寸的选择则可以通过相应的调整来确定。

除了内部的腐蚀,外部的腐蚀也会影响锅炉几何布置和热力特性参数的选择。事实上,这种腐蚀的本质是基于很容易发生在排烟和受热介质温度降低时的低温腐蚀。最受影响的区域是进排气口管子连接处,硫化物中含有的气体会渗透到锅炉死角的内部管套并且降低被加热介质温度。锅炉尾部受热面像省煤器,常常发生硫化腐蚀甚至导致了整个锅炉的工作失效(参见图 2.4)。因此锅炉进口的给水温度常常选取较高来保证硫化腐蚀最小化[129],然而同时整个系统的热效率也更低。另外,锅炉水管焊缝由于有更多气孔、杂质以及其他缺陷,而不是正常的钢质结构,因此,它是抗腐蚀最弱的区域。如果不采取适当的维修和预防措施,燃烧硫含量达到 5% 的燃料将使锅炉受热面外部污染变得十分严重。除了给水温度被证实与腐蚀有关,管束的几何尺寸特别是锅炉尾部受热面以及烟气的流速都是影响腐蚀的因素。关注这些可以保证在运行时设备的净效率。同时一些高级合金钢的使用也可以有效防止硫化腐蚀,这种措施一般应用在省煤器上。

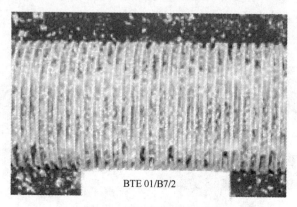

BTE 01/B7/2

图 2.4　锅炉管硫酸性腐蚀

锅炉运行另外一个不利影响因素是振动问题,忽视这一因素会加速腐蚀的发展。因此,锅炉结构要避免直角弯头;如果不能做到这一点,说明书应该特别注明在这些区域需要做到将烟气流量波动及灰尘堆积最小化。

2.3　余热利用系统受热面布置的选择

系统布置的选择基于维修经验以及不同的技术解决措施、创新和建议[7,15,21,26,27,32,45,95,104] 的总结。然而,这样拓展性的比较可能会发展成独立的研究内容而不是本书的研究任务,因此本书只会粗略涉及余热利用系统的主要概况。余热利用循环的正确选型十分重要,它可以确保高能量输出和维修是安全的、持久的、廉价的以及简单的(在运作时尽量减少人工时间)。过去的船舶动力装置常常使用饱和蒸汽驱动涡轮,这明显减小了余热锅炉的尺寸,如高度。但是仅仅由蒸发器组成的锅炉,不可能确保烟气高效利用,因为在相应的蒸汽压力下,排气的温度 t_{g0} 一直都比饱和蒸汽的温度高。由于朗肯循环和涡轮效率低,在没有过热器的余热锅炉里不能保证蒸汽过热以及足够干燥,这会导致巨大的损失。此外,由于在涡轮进口处蒸汽湿度高,喷嘴与叶片会受到严重的冷凝液滴的侵蚀影响,因此大大降低了服役期的可靠性与有效性。省煤器、蒸发器和过热器组成的余热锅炉是余热利用系统的必需结构。

为了防止硫化腐蚀的破坏作用,引入省煤器、蒸发器按照顺序安装在船舶上是常见的做法(参见图2.5)。然而,在这样的受热面布置下,无法保持省煤器进口的给水温度不变。因为主机变工况时,排气温度和锅炉蒸汽压力都会变化。因此推荐给水温度应该不低于130℃~135℃,这是基于不降低余热利用系统的效率或者不增加余热锅炉的尺寸,特别是省煤器的受热面。尽管大部分的运行都很顺利,然而也时不时发现由于含氧量高导致管子内部腐蚀而引起严重损坏。因此,应该采取中间抽汽的方法对给水除氧,但是实现方法还有待进一步研究。同时为了保证温度 t_{fw} 在一个持续安全水平,抽汽点应该根据主机工作负荷变化范围来选择,否则会大大降低蒸汽循环的效率。因此,也需要找到其他降低氧气含量的方法。

(1) 保证真空侧良好的密封;

(2) 尽量提高冷凝器的除氧功能;

(3) 进行汽水分离;

(4) 锅炉水化学处理;

(5) 其他。

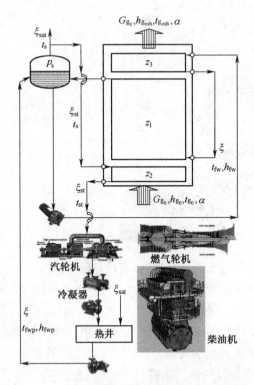

图 2.5 省煤器和蒸发器顺序布置的余热利用系统

基于以上的考虑,最有利的余热利用系统应该有给水预热的恒温循环调节阀,系统内的余热锅炉由省煤器、蒸发器和过热器组成(参见图 2.6 (a))[10,40,118,147]。在尽可能小的尺寸条件下,这种余热利用循环是可靠、高效的。可以不断调节给水水温,直到获得与主机负荷水平无关的理想温度,尤其是在部分负荷下运行。在较高的烟气温度下,可以降低省煤器进口给水温度,可以在不增加尾部受热面以及不出现硫化腐蚀的情况下,达到最大的输出功率。然而,与此同时,单压锅炉的烟气冷却速率受选定的蒸汽压力 p_s 限制,那么其对应的饱和温度 t_s 就确定了,当进口烟气温度 t_{g0} 增高时,蒸汽压力也会升高,此内容将在第 3 章介绍。因此,如果不增加锅炉受热面,烟气温度很难冷却到相同的温度 $t_{g\text{exh}}$(参见图 2.6(b))。

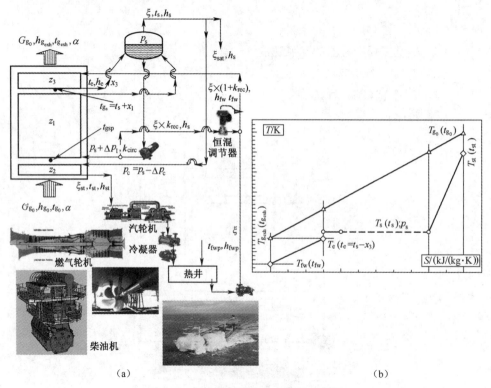

(a)   (b)

图 2.6   余热利用系统热力循环示意图

(a)有恒温调节阀和锅炉给水再热的余热利用循环;(b)单压余热利用系统温熵图。

  因此各大公司提出多种不同的多级压力余热锅炉方案。最简单的方案是,只带有一个蒸发器的余热锅炉要么用在对动力单元提供中高温的进口烟气温度 t_{g0};要么用在增加饱和蒸汽消耗的情况下,如客船或者轮渡(参见图 2.7(a))。给水的加热通过高压部分的锅炉水循环实现;否则需要在省煤器出口或者进口安装泵,将水从低压部分压至高压部分。然而,如果在低压蒸发器进行再循环布置将会增加水的流量,即 $k''_{\text{rec}} > k'_{\text{rec}}$,才能确保同一受热面烟气冷却。也可以使

34

锅炉水直接通过再循环阀门进入低压汽包,或者通过省煤器后安装的减压控制阀进入低压汽包。第二种方式中,通过省煤器的锅炉水量会更高,产生的饱和蒸汽可用于低品位热能 $+\xi_{\text{sat}}''$ 的用户使用。工作条件下,当省煤器出口的锅炉水温度保持不变时 $t_e' = \text{const}$,烟气在很大程度上可以冷却下来(参见图 2.7(b))。同时,低压锅炉部分的工作情况可能不同,本书取决于所需要的饱和蒸汽性质。除了重复循环,也可以通过抽汽的方法来加热给水。

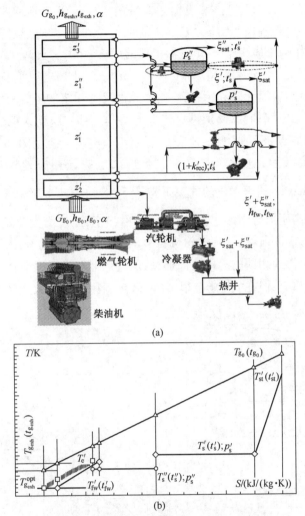

(a)

(b)

图 2.7　简单双压余热利用系统示意图

(a)简单双压余热利用系统;(b)简单双压余热利用系统温熵图。

　　一个更好的选择是双压余热利用系统,此系统有中间蒸汽供给汽轮机或者低压级(参见图 2.8(a))[1,13,18,27,59]。同样也是多种方案可供选择,例如,通过在高压或者低压级加热给水的不同锅炉受热面布置等。当然,锅炉的几何高度会由于受热面之间的附加距离急剧增加。动力装置安装费用比单级的余热利用系统高很多,同时该装置的日常维护也更加复杂,要求维修人员具备更高的专业技能。基于以上考虑,建议使用图2.8(a)所示的余热利用系统,该系统应该更加适合大功率动力装置,如中速柴油机或先进燃气轮机作为主机。对于低速柴油机单元,需要重新考虑系统的选择,不过之前的选择对于高速柴油机十分适合[33,72]。不管在何种情况下使用,通过以上的改进以及创新,功率方面都有额外的提升(参见图2.8(b))。蒸发器是锅炉的重要组成部分,它最终决定其他有关部分的尺寸以及在使用压力范围内的烟气冷却率。窄点温度x_1是蒸发器受热面(尺寸为z_1)的标志值。蒸发器出口的烟气温度t_{g_s}与饱和温度t_s的温度差与选择的蒸汽压力p_s相对应,即$x_1 = t_{g_s} - t_s$。综上所述,可用蒸发器出口烟气温度t_{g_s}评价锅炉尺寸及利用率,它由受热面尺寸和蒸汽压力两个相反影响的因素控制。正如所提到的,锅炉进口气温t_{g0}相当高时,应引入第二级锅炉。蒸汽压力的选择应保证尽可能多地利用可用烟气热量(参见图2.8(b)以下部分)$t_{g_{exh}}$以提高效率,这意味着汽水混合物线也应该相应地接近烟气线,即$Q_{exh} = \int S dt = \max$。利用对比的方法研究一下,若缺少一个压力级将会怎么样。

如果锅炉仅由高压部分组成,为达到相同的冷却率,通过增大蒸发器的面积,应减小窄点温度x_1直到足够小,汽轮机将有效利用热量,然而在给定的压力等级p_s^{I}也无法确保得到相同的冷却率。那么,通过选择对冷却速率有利的低压蒸汽可以不增加受热面,但在p_s^{II}减小很多时,余热利用率也会大大降低。因此,总

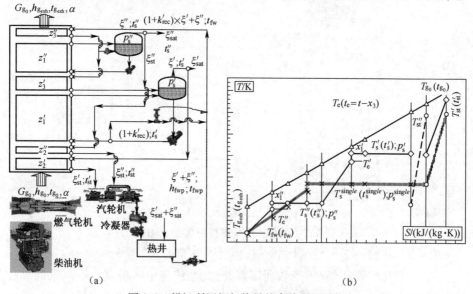

图2.8　梯级利用烟气热量的余热利用系统
(a)中间补汽的复杂双压余热利用系统;(b)多级压力余热利用系统的温熵图。

体多级的余热利用系统效率必然比单级余热锅炉高,即 $\left(\int Sdt\right)^{2-StageEB} >$ $\left(\int Sdt\right)^{1-StageEB}$。多级余热利用系统的优势是增加烟气温度,高蒸汽压力允许通过减小蒸汽压力以最高的效率利用余热;而在第二级,可以通过降低蒸汽压力获得更高的烟气冷却率。然而,由于复杂系统的研究超出本书的研究范围,在此不予研究。

最后,本书选择使用锅炉水循环来加热给水的余热利用系统(参见图 2.6(b)),可以在不同的主机负荷下高效运行,并可以减小余热锅炉的尺寸(特别是高度)。若能控制给水温度将使系统更加可靠。2.4 节将介绍具有中级蒸汽抽汽的余热利用循环的替代方案。

2.4 余热锅炉几何尺寸的选择

相比顺列布置,由于高紧凑性和传热效率,更倾向锅炉管束受热面错列布置,当然,错列布置的锅炉烟风阻力也更高。在相同条件下,顺列管束受热面受积灰影响更明显。积灰主要是由烟气通过第一组管束引起的紊流造成的。通过第二组管束前部时,烟气冲刷条件恶化,这样不仅降低了传热速率,烟气侧受热面结垢也加剧了,如悬浮颗粒的沉积。不过,顺列布置管束吹灰效率更高[21,23,26,27,100,133,134]。

普通光管工作稳定,出现问题较少,主要的优点是在烟气侧积灰较少,因此在运行时间内受热面传热效率更加稳定。此外,尾部受热面的酸腐蚀速率也达到最小,因而更加可靠。在一般船厂中,不管是制造还是修理的费用也是最低的,而专业公司制造的任何加肋管都更加昂贵,其运输费用也更高。

根据管子大小、蒸汽压力、不同安全要求,推荐的管壁厚度 δ_{tw},生产商推荐值 $\delta_{tw} \geqslant 0.0025m$ [17,20]。管壁外径 d 减小,传热效率也会增加[87,114],但会导致较大的流动阻力,因此在本书的研究中可接受的管壁外径 $d = 0.022m$,管壁内径 d_i 符合等式 $d_i = d - 2\delta_{tw}$。在管束(参见图 2.9)中最优的横向节距 S_1 及纵向节距 S_2 对灰尘堆积速率和热交换率均有直接影响。同时管束排列与外径比例过小,特别是 S_1/d 过小,会增加锅炉受热面的腐蚀破坏速率。因此横向节距 S_1 可以在允许范围内尽量小,但也应该满足安装和修理的需要。因此,普通光管受热面横向节距应符合 $S_1 = 2 \times d + \delta$,其中,$\delta$ 是管子安装需要的空间和空隙。对于蒸发器和过热器受热面空间应有 $\delta = 0.003m$,而横向距离应为 $S_1 = 0.047m$。为了减小灰尘堆积速率及内部氧化腐蚀速率,锅炉水速应该足够高,因此省煤器管束结构采用水平和垂直错列布置。由于增加管子弯曲处横向节距更易被接受,$S_1 = 0.050m$。为了减少横向节距灰尘堆积的形成速率,应在可接受的范围

内尽量减小至 $S_2 = 0.025\text{m}$ 。

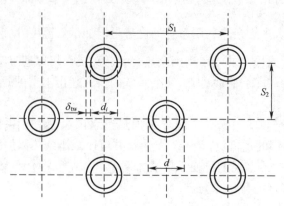

图 2.9　错排型管束布置方式

2.5　翅片受热面几何尺寸的选择

在锅炉尺寸固定的情况下实现余热利用率的最大化,在设计以及制造阶段采用不同的技术方法来提高热效率。翅片管是技术上的一个重大创新,它可以成倍增加单位体积的锅炉受热面及密度,是主要且有效的改进方法,这已经在海运上成功实施并有不错的工作记录[23,68,89,99,104,109,117,145]。表面环肋(参见图 2.10)应用最多是由于以下原因。

(1)更高的热导率,高达 30% ~ 70%。

(2)更高的受热面密度,接近锅炉总重(几乎包括了整个锅炉的质量)。

(3)领形和螺旋形翅片都能增加管子结构强度。

(4)带形管和环翅管生产价格低廉。

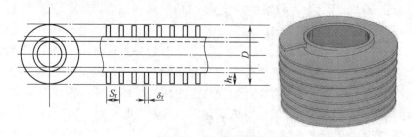

图 2.10　加肋管几何特征

考虑到加肋管需要适应市场产品需求,其结构应符合以下几何特性: $S_1/d \approx 2.2 \sim 5.0$; $S_2/d \approx 0.7 \sim 3.0$; $h_r/d \approx 0.2 \sim 1.2$; $\delta_r/d \approx 0.02 \sim 0.10$; $S_r/d \approx 0.2 \sim 1.0$

式中：S_r 为翅片节距(m)；h_r 为翅片高度(m)；δ_r 为翅片厚度(m)；D 为翅片管外径(m)(参见图 2.10)。

管肋的特性。为了使锅炉重量尽可能低，应尽可能减小管肋的厚度。但是考虑到由烟气引起的冲蚀磨损效应，厚度 δ_r 应满足 $\delta_r \geq 1.0\text{mm}$。在本书讨论的情况中，由于主机燃烧劣质重油，$\delta_r = 1.5\text{mm}$。翅片管束的肋高值 h_r 足够大时，可以增大单位受热面。但是 h_r 过大，将会导致翅片受热面传热效率的降低，也就是说，平均温降和肋效率减小。因此，翅片率增加到 40% 的同时，传热效率降低到约 12%，但选择这样的锅炉型号还是有利的。然而不断地增加翅片的密度将会失去效果。根据运行经验，本书将 δ_r/d 的关系范围缩小到 $\delta_r/d \approx 0.35 \sim 0.40$，许用高度 $h_r = 8\text{mm}$。减少翅片的节距会导致相应的传热效率降低，因为在管肋根部的烟气会在管部受热面附近变弱，相应的层流边界层会变得更厚，并且有明显的传热和烟气流动阻力增大。另外，相对较高的翅片节距可以保证相对较低的灰尘堆积率和吹灰效果；然而，余热锅炉精密性也更低。因此最优化的翅片节距限制在以下区间内：$S_r/d \approx 0.20 \sim 0.40$；在本书的研究中，取 $S_r = 8\text{mm}$。在这些许用的翅化率中，总受热面与光管受热面之比为 $\varphi \approx 3.58$。

但是，实验发现，引进有更小翅片节距的锅炉受热面运行良好，翅片距离可以减小到 $S_r = 4\text{mm}$，并且没有任何烟气侧污垢增加的迹象[116]。同时，考虑到燃气轮机使用的是质量好得多的 MGO 燃油，这种类型燃油含硫量较低。当使用更低级别的 HFO IFO180/380 时，S_r 的降低将会很重要。同样在选择翅片特征参数时，主机类型也应该考虑在内，因为低速柴油机和燃气轮机过量气体系数 α 都不同。对于燃气轮机 $\alpha_{GT} \approx 5.5 \sim 6.5$，而对于高速柴油机 $\alpha_{SSD} \approx 3.0 \sim 3.5$，因此当船用主机是燃气轮机时，单位烟气量的悬浮物颗粒比较低。

管束中的管子横向节距，翅片管比光管要大。为了给自由肋管留有一定空间，基于之前良好的维护记录，本书使用 3 倍基管直径，即 $S_1' = 3 \times d$。另外考虑到灰尘堆积在管束受热面的特性，管子纵向节距只比管基直径大一点，即 $S_2' = 1.2 \times d$。

选择有翅片管的余热锅炉，应该考虑振动对表面长期可靠性的影响，因为肋与管可能脱开，所以这部分受热面应该单独考虑其设计。在余热锅炉中有非常多的高振动源，排气脉动来自主机，特别是在低中速柴油机上，这种情况可能会在管束中加剧涡流的形成，管后方的流动扰动同样可能成为振动的来源[53,133,134]。避免振动引起致命后果的主要方法是根据振动谱图合理选择受热管长度，即根据受热管的物性参数和支撑情况，确定不同长度的管子的受迫振动和固有振动频率和幅度。同时，受热面的翅片结构可以使管子更加坚固以减小振动的幅度。

2.6 主要热力特性的选择

锅炉省煤器进口的给水温度 t_{fw} 是一个重要的特性参数,它决定了在一个固定尺寸锅炉的可能的烟气冷却速率 t_{gexh} 和最终的效率。同时,根据之前的研究,由于尾部受热面高硫酸腐蚀的出现,省煤器进口的给水温度 t_{fw} 不能太低。腐蚀率与燃油中硫的含量和露点 t_{d-p} 直接相关。露点 t_{d-p} 受烟气中湿度和过量空气系数影响较大[23,30,34,143,147,148]。为了延长受热面寿命,由给水和出口烟气温度决定的管壁温度 t_{TM} 应该比既定的露点更高,即 $t_{TM} > t_{d-p}$。针对本书考虑的燃—蒸联合动力装置的给水温度,推荐 $t_{fw} \geqslant 100℃$。先进低速柴油机动力装置作为船舶的主推进单元,露点温度由于过量空气系数较小而更高,继而给水温度也应该增加。根据运行记录,不同的技术规范和建议书,给水温度 $t_{fw} \geqslant 120℃$;然而 t_{fw} 增加的幅度过大会导致锅炉,特别是省煤器的效率下降。

同样,不管是对于燃气机轮还是柴油机,余热锅炉(省煤器)出口烟气温度 t_{gexh} 会直接影响硫酸腐蚀的速率,根据技术建议书,烟气出口温度 $t_{gexh} \geqslant 160℃$。事实上,在露点附近或者低于露点温度(t_{d-p} 一般在 $80℃$ ~ $90℃$ 之间)时[76,120],硫酸腐蚀的速率会急剧增加。在出口烟气温度 $t_{gexh} \geqslant 90℃$ 时,腐蚀效应非常微小;在足够厚的管壁(省煤器部分管子腐蚀余量 $\Delta\delta_{tw}^c$,管壁为 $\delta_{tw} + \Delta\delta_{tw}^c$)条件下,可以保证尾部受热面的运行安全系数足够高。为了减少腐蚀效应,在主机燃烧的燃油中,建议添加不同的添加剂降低露点温度。安装和使用有效的吹灰方式,尾部受热面使用较高等级抗酸腐蚀性能较好的合金钢,同样可以增加安全系数并最终回收成本。如果满足这些预先条件,就可以保证更多的烟气温降,排烟温度达到 $t_{gexh} \approx 140℃$。

在决定传热效率时,余热锅炉烟气侧的污染系数 ε 是另外一个重要的特性参数。它的影响是通过恶化传热系数 k 表现出来,k 可表示为[43,51,108]

$$k = (1/\omega \times \alpha_1 + \varepsilon + d/d_1 \times 1/\alpha_2)^{-1}$$

式中:因子 α_1,α_2 为相应的烟气到管壁、管壁到受热介质(锅炉水,蒸汽)的放热系数。

根据运行经验,当烟灰和水垢厚度都是 1mm 时,传热系数降低 20%,但只有烟灰厚度是 1mm 时,传热系数降低 17%[87,92,103,110,112]。可以看到,烟灰沉积对对流面传热效率起决定性的作用,当烟灰厚度增加到 2mm 时,会导致光管表面传热系数 k 降低 30%。因此,清灰特征对于锅炉选型十分重要。污染系数 ε 来源将在接下来的章节中介绍,而主要的影响因素下文中将简单提及。实际运行与实验性能之间的差距是由动力装置运行的所有因素和选择的余热锅炉设计特性参数受烟气侧的结垢速率所影响,例如,锅炉流动截面烟气速度 w_{g_i}、管和管束的几何尺寸、主机消耗的燃油级别以及受热面温度的热交换。燃油中的成分，如化学元素 Na,Ca,V,对灰尘堆积速率有明显的影响。当主机以部分负荷运行时，由于烟气量和温度更低，污染程度明显增加。因此，锅炉流动截面的烟气速度 w_{g_i} 降低，当烟气速度 w_{g_i} 小于等于临界速度(一般在 9~12m/s 之间)时，在流通截面错排分布的管束中污染率变得和顺排的一样高。管的翅片率对 ε 也有着直接的影响。不管在什么情况下，加肋管子在相同条件下总是比不加肋管子更容易积灰。受热管直径增加，相应的管子节距和扭转翅片有相同的不利影响。当螺旋角 $\gamma_r > 5.7$ 时，由于气流从肋端脱落，污染率增加，因此容易形成灰尘堆积的死角(参见图2.11)[60,62,73,92,137,138,143]。烟气温度和气流 G_{g_0} 对烟气速度有着直接的影响。另外，降低 w_g^{min} 应不使积灰速率大幅上升。此外，上述的因素包括在锅炉的流通截面速度分布不平均，灰尘颗粒的聚结、磨损时间以及钢材物理性质等都对 w_g^{min} 有显著影响。发现烟气垂直冲刷管束的最低速度 $w_g^{min} > 6m/s$ [21,94,102,108,109,135,136]。因此当设计余热锅炉，也就是选择尺寸的时候，应该保证在任何情况下所有区域的实际烟气流速应该比最小值更大，即 $w_1 > w_g^{min}$。

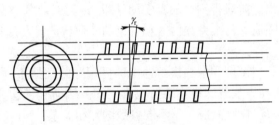

图 2.11　扭角肋片管

　　运行经验的结果表明，带翅片管的锅炉,污染系数 $\varepsilon \approx 0.0038~0.0055(m^2 \times K)/W$,光管 ε 稍微小于 30%~40%。不论是主锅炉还是辅助锅炉，这些主要是通过燃煤锅炉得到的数据，然而余热锅炉采用的比燃煤锅炉高出几倍过量空气系数的柴油机，易受烟影响。显然，积灰结构与煤块燃烧而产生的粉末沉积不同。基于烟道类锅炉的维护经验，当冬季使用燃煤锅炉时，会产生明显污染。实际上燃煤锅炉每 4~6 天就必须打开进行内部清洁;而使用液体燃料时每 60~75 天才需要进行内部清洁，因其灰尘沉积情况较好。周期性的清洁应该提高到每年12~19 次，以得到不同级别的燃油消耗产生的相应较小污染系数。

　　最后总结所有余热锅炉设计阶段考虑过的影响因素，污染系数的取值方法由下式确定[66,100,138]：

对于光管余热锅炉，$\varepsilon \approx 0.0030(m^2 \times K)/W$;

对于翅片管余热锅炉，$\varepsilon \approx 0.0040(m^2 \times K)/W$。

烟气冲刷系数 ω 由锅炉管束的几何布置因素决定,约为 $\omega = 0.92$。

2.7 结　论

(1) 余热利用系统的主要组成部分是余热锅炉,要在最低的制造、安装和维护费用情况下运行,其正确选型对动力装置有效及安全运行极为重要。

(2) 锅炉一般是方形的、带有强制循环的水管并且有错排分布的管束,可以获得最优的单位锅炉产汽量体积或重量比值。

(3) 为了增加锅炉受热面蒸汽蒸发率,从制造可能性、输出效率、可能的负面后果出发,对加肋受热面的几何特性进行全面考虑后,翅片管可以作为光管的替代品。

(4) 由于结构简单固定以及较高的操作可靠性,余热利用循环类型选择单压锅炉,单压锅炉在省煤器的进口装有恒温再循环阀加热给水(参见图 2.6 (a))。

(5) 其他余热利用系统的热动态特性,如给水温度 t_{fw} 和锅炉出口可能的最低烟气温度 $t_{g exh}$,都是根据效率增加以及维护可靠性进行综合评估的。

(6) 为了在设计阶段得到更加真实的结果,污染系数的意义就是选择更加接近运行时的实际值。污染系数由管和管束的几何特性以及烟气流动特性共同决定。

(7) 为余热利用系统和余热锅炉选择的可用最终数据不是一成不变的,因为改变进口参数,动力装置的最终特性也会不同。然而验证这些数据的方法十分重要,在设计系统过程中,应了解不同参数的互相关系。

第3章 给定余热锅炉尺寸(高度)的热力循环分析及其优化方法

3.1 引 言

本书研究的目标是余热利用系统和它的主要组成部分——余热锅炉,利用主机排气的热量产生蒸汽,既可以直接驱动汽轮机做功,也可以满足不同的低品位热量消费需求(参见图1.1和图2.6)。

本章主要思想和创新性是阐述了余热利用系统热力分析方法,在给定余热锅炉尺寸(尤其是高度)、管束的几何布置以及其他热力参数的情况下,对所有动力装置的热量与效率影响因素进行了估计和分析。这个方法是合理的,因此,烟气可用热量由主机技术以及运行特性预先决定[11,67,70,74]。而以前,锅炉尺寸和主蒸汽单元一样,是根据要求的初始规定的产量和品质指数确定的[21,26,91,100,150]。与此同时,紧凑、先进的高输出功率的动力装置有利于给货舱腾出额外空间。因此,根据船体大小安装侧推器和高额定转速柴油机代替传统低速柴油机和桨,所构成的动力装置布置可使货舱容积额外增加10%~12%,这对提供昂贵的货舱运送业务的高速集装箱船尤为重要。对于某些船型(如滚装船、车辆渡轮以及类似的船舶),由于货舱作业通过后滑轨提供,需要认真考虑电力装置的布置(参见图3.1(a)),船首吊门的安排在施工中并不安全,也会导致操作过程中许多附加的安装和其他新增的工作。考虑到这些方面,动力装置的布置应该紧凑,尤其是高度上的紧凑性增加可以确保装卸更多的货物。在汽车运输船的新概念设计中,汽轮机驱动喷水推进器是一种有效且具有吸引力的替代方案(参见图3.1(b))。随后,任何附加安装的装置(包括余热利用系统)也应该有相似的技术特性。中速柴油机也是可取的主动力装置,仍然占据一定的市场份额。与此同时,余热锅炉安装可能会占据巨大的主机舱室空间,甚至导致整个轮机舱室的增加。导致轮机舱室空间增加的各个因素中,由于余热锅炉的增加导致的高度增加是最主要的因素,也会导致安装布置困难。在一些受限的角落或者狭窄的通道里安装锅炉并不是最好的方法,这样可能会导致在船舶的作业期间内维护不便,从而导致产生间接的最终维修费用,如在必要的时间维修通道,这样的维修会更加频繁,可能导致在总维修费用中占据很大的比例。

对于燃气轮机动力装置,尽可能降低锅炉的尺寸是十分重要的,尤其是降低高度,但是要求的输出功率却越来越高。因此对于这类船舶,通常空间都十分有限,也就是说,要限制发动机室的高度以及将要放置的锅炉尺寸。为了在有限的空间内得到最高的输出功率,应在考虑各种几何、热力学以及其他因素的情况下,进行余热利用系统整体优化。如果通过相似情况的方法,周密考虑上面的各方面因素(参见图3.2),应该有另一种优化设计,可以适当增加锅炉的高度,得到更大的最高输出功率。在第2章提出了一种确定余热利用系统几何特性参数和热力参数的方法,可作为总方针来指导设计。在第4章,参数的选择更加结合研究对象,并且主要输入数据将根据目的或来源进行分组,从而可以简单地改变参数以实现优化设计。

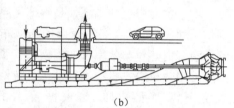

(a)　　　　　　　　　　　　　　　　　　　　(b)

图3.1　各种类型船舶及设计

(a)滚装船和客货两用船;(b)汽车运输船、渡轮和其他船舶的新设计概念。

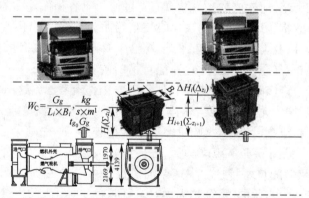

图3.2　船体尺寸对余热锅炉选型的影响

3.2　实体化与主要参数选择

作为在本书研究中最基本的选择,循环给水预热的热力循环更受青睐(参见图2.6(a))。有中间抽汽设备的热电装置是一个可行、有效的替代方案,该方案能够使锅炉尾部受热面的氧气腐蚀最小化。同时,基于以下建议的方法,可以对其他类型的余热利用循环以及锅炉的热力学分析计算做到非常详尽和精细。根据之前的各条结论,锅炉都选择矩形结构的水管类型(见第 2 章)。对流受热面可以是光管或者加翅管,后者的热效率较高,因此需要设计它们的数量分布,一般要求加热管束的数量应该是可等分的,这样在实体系统设计和制造中较为方便,而且可以为气流均匀分布提供条件。因此,蒸发器管束根数需要被二等分或者四等分,这样可以确保锅炉工作的可靠性及有效性。建议方法的一个重要的优点是使用输入的相关数值、中间值和终值,得到不同型号的主机在不同设计输出/负荷或者标定输出/负荷以及不同环境条件下的结果。

最后,当主要的条件被选定,其他值的选择以及接下来的预估就可以逐步确定。尽管主锅炉特性系数的确定方法在第 2 章已经进行了介绍,然而,为了以正确的顺序给出推荐的算法,将再次提及一些已经研究讨论过的问题。本书选取在不同区域相互关联的参数,使每一个选择的特性参数都可能变化,这样就可以探索特性参数对余热利用系统特殊的影响以及对发电装置整体的影响。

3.3　总体参数输入

就像前面提到的锅炉尺寸,准确地说就是安装锅炉管束需要的内部尺寸(L、B、H),这些值是主要输入值,而它们的选择无论如何应该有依据。横截面尺寸 $L \times B$ 最好从维护性、安全性以及效率的角度考虑,而锅炉的总高度 H 由安装的条件决定。当锅炉的主尺寸确定以后,对流受热面数量的特征参数——管束的总高度 Hz_i 以及 ΔHx 可以确定。ΔHx 是由尾部间隙以及受热面之间需要的管束空间间距构成的。此时才能决定在烟气出口的方向上允许的管束数量 $\sum z_n = (H_i - \Delta Hx)/S_2$($S_2$ 为纵向节距)。受热管束的总数应该分到中间的每一个组成部分(Z_1 为蒸发器,Z_2 为过热器,Z_3 为省煤器),以确保最高的输出功率,可用不等式 $z_1 + z_2 + z_3 \leqslant \sum z_n$ 表示。

根据技术参数或者对主机(柴油机、燃气轮机)的热平衡评价,锅炉计算的输入数据如下。

G_g 为每秒的烟气量(kg/s);t_{g_0} 为主机出口与余热锅炉进口的烟气温度(℃);α 为过量空气系数。

那么,在每个区域相应的烟气温度的焓值就可以由下式计算:$h_g = f(t_{g_0}, \alpha)$,单位为 kJ/kg,其值取决于燃油的级别[127,128,138]。根据使用的船用燃料类型,相应锅炉截面烟气焓值 h_{g_i} 的计算式为

$$h_{g_i} = 0.9879 + 100.7304 \times (t_{g_i}/100) + 0.9059 \times (t_{g_i}/100)^2 + 0.0335 \times$$
$$(t_{g_i}/100)^3 + c_\alpha \times (0.4211 \times (t_{g_i}/100)^2 + 5.7376 \times (t_{g_i}/100) -$$

45

1.1998）　（kJ/kg）   (3.1)

式中，$c_\alpha = 1.0704/(0.704 + \alpha) - 0.2$，但是温度 t_{g_i} 对应余热锅炉截面的测量值，例如，烟气进入锅炉前温度 t_{g0}、蒸发器前温度 t_{gsp}、省煤器前温度 t_{gs} 或者是过热器后温度 t_{gsp}、蒸发器后温度 t_{gs} 和锅炉出口温度 t_{gexh}。

使用烟气质量流速 $W_{C_i} = G_g/(L_i \times B_i)$，单位为 $kg/(s \times m^2)$ 计算是个创新，这样可以简化为 $W_{C_i} = \text{const}$，通过 G_g 和 $(L_i \times B_i)$ 取不同值。得到了最后的结果，这个结果的适用范围很广，可以应用于多种类型和不同输出功率与负荷的主机。

3.4　热力计算需要的热物性参数的选取

对传热效率的评价之前，要确定一些烟气流量的热力学特性值，这依赖于燃烧燃料的类型、导热系数 λ_0、密度 γ_0 以及在 0℃ 时的运动黏度 ν_0。烟气的传热导出量 $k_{T\Phi} = \lambda_0 \times \gamma_0^{-0.65} \times \nu_0^{-0.05}$，在本书讨论的范围内，$k_{T\Phi} \approx 26.34$。

决定传热系数的另外一个重要特性值是从烟气侧排出的降低传热效率的余热锅炉污染系数 ε。关系如下式[24,42,52,73]：

$$k = (1/\omega \times \alpha_1 + \varepsilon + d/d_i \times 1/\alpha_2)^{-1} \quad (W/(m^2 \cdot K)) \qquad (3.2)$$

每个受热面污染的等级已经提前选择好，然而在每个项目中，受热面污染的等级会因燃油等级与受热面的不同而改变，即它的几何系数、其他的环境因素以及工作条件。因此，由于自净能力，烟气速度的提高对污染系数平均值有减小作用。与此同时，过高且不合理的烟气速度会导致余热锅炉烟气阻力的额外增加，并且将导致主机的更多能量损失。因此，本书推荐的可能最低烟气速度 $w_c^{\min} > 6m/s$（见第 2 章），据此做锅炉流通截面 $(L \times B)$ 的选择。通过选择合适的化学物质改善锅炉水质，可以将水质对锅炉尺寸的不利影响减小到可以忽略的水平，因此没必要将水质考虑在内。

根据锅炉制造的不同标准，烟气冲刷完全性系数 ω 为 0.92。ω 与烟气气流分布有关，气流分布又由管束几何分布的不规则性决定。由于余热锅炉热量通过绝热层有热量损失，保热系数 η_{al} 为 0.99[43,97,114]。

3.5　管束几何参数选取和空气阻力计算

当总体参数确定后，管与管束的几何因素可以直接选择或者之后修改。根据之前研究的结果，应具有制造的可行性、维护的经验（见第 2 章），以下的几何参数对光管和加翅管都适用（参见图 2.10 和图 2.11）。

- 横向节距 $S_1(m)$；
- 纵向节距 $S_2(m)$；

- 管束外径 $d(\mathrm{m})$;
- 管束内径 $d_{\mathrm{in}}(\mathrm{m})$;
- 管壁厚度 $\delta_{\mathrm{tw}}(\mathrm{m})$, 与管的类型、蒸汽压力有关。

对于加翅节,另外的几何参数如下。

- 翅片节距 $S_{\mathrm{r}}(\mathrm{m})$;
- 翅片高度 $h_{\mathrm{r}}(\mathrm{m})$;
- 翅片厚度 $\delta_{\mathrm{r}}(\mathrm{m})$;
- 翅片管外径 $D(\mathrm{m})$。

基于产品的特性,材料级别以及其他的翅片特性值都需要考虑在内[62,91,100,109,135,136],预先决定的特性表示如下。

- 翅片的导热系数 $\lambda_{\mathrm{M}}(\mathrm{W}/(\mathrm{m}\cdot\mathrm{K}))$。
- 翅片接触面影响系数 $\mu_{\mathrm{r}}=f(\beta\times h_{\mathrm{r}};\sqrt{\delta_{\mathrm{r}_2}/\delta_{\mathrm{r}_1}})$, 其中 $\delta_{\mathrm{r}_2},\delta_{\mathrm{r}_1}$ 表示顶部与底部的翅片厚度,当翅片厚度沿高度方向不变时,接触面影响系数等于1。
- 基管连接处导致的传热不均匀系数 $\psi_{\mathrm{r}}=0.9$;对于直线形底部翅片,传热不均匀系数等于0.9;对于圆柱形翅片,传热不均匀系数较小,为0.85。

最后,系统热力学分析的几何参数可以提前估算出来。

- $S_2'=\sqrt{(S_1/2)^2+S_2^2}$ 管束中管子之间的斜向节距(m)。
- $k_{\mathrm{w}}=0.98\times S_1/(S_1-d_{\mathrm{ekv}})$ 反映锅炉流通总截面以及烟气流通面的关系。
- 其中 d_{ekv} 为等效管径,决定气流通道的自由空间。对于光管,$d_{\mathrm{ekv}}=d$;对翅片管,$d_{\mathrm{ekv}}=[2\times(S_{\mathrm{r}}\times(S_1-d)-2\times\delta_{\mathrm{r}}\times h_{\mathrm{r}})]/(2\times h_{\mathrm{r}}+S_{\mathrm{r}})$。
- D_{ekv} 为管等效直径,决定总的烟气侧总受热面。对于光管,它等于外径 $D_{\mathrm{ekv}}=d$;对于翅片管受热面,$D_{\mathrm{ekv}}=d\times(H_{\mathrm{sm}}/H_{\mathrm{g}}^{\Sigma})^{-1}$。
- 管束的受热面系数 $k_{\mathrm{F}}=36\times S_1/(\pi\times D_{\mathrm{ekv}})$。

下面的系数、衍生值在确定的几何和受热面尺寸特性数中为常数,提前确定这些参数,以便进一步估算烟气对管壁的传热率 α_{1_i}。

- 衍生值,各个受热面的管束数量是 z_1,z_2,z_3, $c_{z_i}=1.03\times(1-0.5573/z_i)$, $i=1,2,3$。
- 管束中光管修正系数 $c_{\mathrm{s}}=1.0926\times\left(\dfrac{S_1-d}{S_2^{\mathrm{I}}-d}\right)^{0.25}$。
- 在零度及大气压力下的烟气密度修正值 $c_{\gamma}=(1.285/\gamma_0)^{0.6}$。
- 管径因素 $c_{\mathrm{d}}=(0.022/d)^{0.4}$, 已知可用的直径为 $c_{\mathrm{d}}=1$。
- 锅炉烟气流通截面与横截面 $L_i\times B_i$ 的关系 $k_{\mathrm{w}}=0.98\times S_1/(S_1-d_{\mathrm{ekv}})$;对于光管受热面等效直径等于外径,$d_{\mathrm{ekv}}=d$。
- 总几何综合系数 $A_{1_i}=(1.03\times17.85\times\omega\times c_{\mathrm{s}}\times c_{\mathrm{d}}\times c_{\gamma}\times k_{\mathrm{w}}^{0.6})^{-1}\times k_{\mathrm{F}}\times$

100。

在可用的设计特性值中相似的常数几何综合系数 A_{ε_i} 是考虑烟气污染系数 ε 对传热系数影响的参数，$A_{\varepsilon_i} = 0.859968 \times \varepsilon \times k_F \times 100$。还有一些专用来计算热传导估算复杂几何常数，从管壁到受热工质的放热系数 α_{2_i}，不管是蒸汽或者是锅炉水。为了简化计算，可提前确定以下常数。

- 管内径影响因数 $c_{d_{in}} = (0.017/d_{in})^{0.27}$。

- 管内截面与锅炉截面的关系，对于以下相关受热面：

过热器 $k_{S_2} = 0.99 \times \pi \times (d_i)^2/(L_2 \times S_1)$；

省煤器 $k_{S_3} = 0.99 \times \pi \times (d_i)^2/(L_3 \times S_1 \times n_g)$，$n_g$ 是反映省煤器设计特性的参数，为了达到足够高的锅炉水速，结合水平管束与竖直管束，在本书的示例取 $n_g = 7$。

因此，在可用的锅炉设计中综合几何系数的计算公式：

$A_{2_i} = 4.1862 \times (d/d_i) \times ((k_{S_i})^{0.8}/c_{d_{in}}) \times k_F \times 100$，对于蒸发器受热面 $A_{2_i} = 0$。

对于翅片受热面需要估算不同部位的衍生值如下。

- 烟气侧翅片受热面 H_{fin} 与总面积 H_g^Σ 的关系 $H_{fin}/H_g^\Sigma = [(D/d)^2 - 1] \times [(D/d)^2 - 1 + 2 \times (S_r - \delta_r)/d]^{-1}$。

- 烟气侧受热管面积 H_{sm} 与总受热面面积 H_g^Σ 的关系 $H_{sm}/H_g^\Sigma = 1 - H_{fin}/H_g^\Sigma$。

- 烟气侧总受热面面积与管内部总表面积关系 $H_g^\Sigma/H_{in} = (H_{sm}/H_g^\Sigma)^{-1} \times d/d_{in}$。

- 纵向节距和横向节距与管径的比值 $\sigma_2' = S_2'/d$；$\sigma_1 = S_1/d$。

- 管子布置的特性值 $\phi_\sigma = (\sigma_1 - 1)/(\sigma_2' - 1)$。

- 管束中翅片管的几何布置特性：$k_f = 0.23 \times \varphi_\sigma^2 \times (d/S_r)^{-0.54} \times (h_r/S_r)^{-0.14} \times S_r^{-0.35}$。

- 对于特殊受热面的管束数量因素 $c_{z_i} = 1.01 - e^{-n_i}$，其中 $n_i = 1.61643 + (z_i/100) \times [1.47244 + (z_i/100) \times 1.48179]$。

加肋受热面确定后，表示特性的受热面大小、管子布置及其他特性都可以计算。可以把这些所有的几何和烟气在某些常数复杂度下的物理特性汇总如下。

考虑加肋管的几何复杂度以及烟气物理条件的复杂度对传热系数的影响 $A_{gk_i} = k_f \times k_w^{0.65} \times c_{z_i} \times c_{T\Phi}$。

将衰减因素考虑在内，由烟气侧的锅炉受热面污染系数引出的复杂度 $A_{\varepsilon_i} = 0.86 \times \varepsilon \times \psi_r \times A_{gk_i}$。

不同的几何综合系数是描述烟气通过横截面的特性参数，综合系数的提前确定是锅炉烟气阻力确定的需要，可以表示为[86,117]：

- 光管锅炉 $k_h = 0.00277 \times \left(\dfrac{S_1 - d}{S_2' - d} + 1 \right)^2 \times \left(\dfrac{0.022}{d} \right)^{0.27} \times k_w^{1.73}$；
- 加肋受热面，需要对几何以及烟气条件的附加综合系数计算：
  - 横截面几何因素 $F = 5.4 \times l^{0.05} \times d_{ekv}^{-0.3} \times k_w^{1.75}$；
  - 加肋管的既定尺寸：

$$l = \dfrac{1}{\beta_{Hr} \times S_r} \times \left((S_r - \delta_r) \times d + \dfrac{0.5 \times (D^2 - d^2) + D \times \delta_r}{d} \times \sqrt{0.785 \times (D^2 - d^2)} \right)$$

式中：β_{Hr} 为管肋密度的度量值，用来表示总受热面面积与光管的总受热面面积的关系 $\beta_{Hr} = H_g^\Sigma / H_{sm} = (1 - H_{fin}/H_g^\Sigma)^{-1}$；
  - 烟气物性综合系数 $\varGamma = \gamma_0^{0.75} \times \nu_0^{0.25}$；
  - 管束几何特性和烟气物理特性的结论常数复杂度（包含管束几何特性和烟气物理特性的综合常数复杂度） $k_{TT} = 0.6 \times F \times \varGamma/g$。

3.6 管束水动力阻力计算所需几何参数的选取

汽轮机喷嘴前的蒸汽压力等级是循环中一个重要的效率参数，它很大程度上取决于蒸汽流动过程中的压力损失，根据其顺序可以分成几个部分。首先，其中的一种是阻力损失是在连通管，从分离器到过热器进口集箱安装截止阀和一个 U 形弯头，阻力系数为 $\xi_c (= 7.5)$。根据蒸汽速度 w_{st} 的极限限制，进行连通管的内径 d_{dt} 选择，以减小阻力损失和可能的管内部严重磨损。建议蒸汽速度 $w_{st} \leqslant 35\text{m/s}$ [62,96,144]。然而，速度也可以在最初选择连通管直径的基础上，由式 $w_{st} = \xi_{st} \times G_g \times v_s/F_{dt}, F_{dt} = \pi \times (d_{dt}/2)^2$ 计算，其中，ξ_{st}, v_s 分别为过热蒸汽的相关参数和相关的饱和蒸汽比容。因此，各个受热管束的阻力损失也可以估算，由摩擦系数 λ 和 U 形弯头的阻力系数 ζ_{surf} 建立，相关的值可计算得到。$\lambda = (3.33 + 0.87 \times \ln(d_i \times 10^3))^{-2}$ 和 $\zeta_{surf} = 0.186 + 0.463/(S_2/d + 0.12)$ [27,51,114]。

因此，总蒸汽阻力系数为

$$\zeta_2^\Sigma = \lambda \times z_2 \times L/(4 \times d_i) + \zeta_{surf} \times (z_2/2 + 1) \quad (\text{过热器})$$

$$\zeta_1^\Sigma = \lambda \times z_1 \times L \times \psi/(4 \times d_i) + \zeta_{surf} \times (z_1/2 + 1) \quad (\text{蒸发器})$$

式中：$\psi = 1.5$ 为余热锅炉受热工质（水/蒸汽）的结构特性系数，它本身取决于蒸发速率、蒸汽压力以及其他因素 [42,120]。

3.7 热力循环一些参数的选取

为了保证系统的效率以及安全，热力循环的一些参数选取要有充分依据。

根据维护经验,热井中的给水温度 t_{fwp} 通常为 40℃ ~50℃或者根据运行条件来计算[30,70,74,95,97,147]。省煤器进口的给水温度 t_{fw} 通常选得尽量高,这样烟气侧尾部受热面硫酸腐蚀的不利影响就可以减小到可接受的最小值(见第 2 章)。然而,给水温度也应该尽量降低,保证在确定的锅炉(省煤器)尺寸下达到最有效的烟气冷却。

为了确定系统的最高输出功率,蒸汽压力 p_s 的正确选择十分重要。然而,其数值取决于进口与出口的烟气温度值, t_{g_0} 。根据余热利用系统的类型以及其他因素,本书将进行更加全面的研究。实际上,在重复的估算中,为了优化循环效率因素,可以改变 p_s 数值。当压力确定以后[16],其他饱和蒸汽特性参数可以根据水/蒸汽热力表[5,28,126,132]查找:

饱和温度 t_s (℃)或 $t_s = f_1(p_s)$;

饱和蒸汽焓值 h_s (kJ/kg)或 $h_s = f_2(p_s)$;

锅炉饱和水焓值 h'_s (kJ/kg)或 $h'_s = f_3(p_s)$;

蒸发潜热量 r_s (kJ/kg)或 $r_s = h_s - h'_s$;

饱和蒸汽比容 v_s (m³/kg)或 $v_s = f_4(p_s)$ 。

在相应的可接受的温度下,分别估计在省煤器进口 h'_{fw} 和热井的给水焓值 h'_{fwp} :

$$h'_i = 421.88 \times (t_i/100) - 5.23 \times (t_i/100)^2 + 1.67 \times y - 0.54 \quad (3.3)$$

式中: $y = t_s/100$

锅炉的必要水量从汽包导入,通过恒温阀混合,加热给水,使得水温从 t_{fwp} 增加到 t_{fw} (参见图 2.1),如下式计算 $k_{rec} = (h'_{fw} - h'_{fwp})/(h'_s - h'_{fw})$ 。具有中间蒸汽抽取系统, $k_{rec} = 0$ 。

由于汽轮机输出功率取决于主机和船舶类型、锅炉蒸汽产量、周围环境与其他条件的消耗,饱和蒸汽消耗的正确估计值 G_{sat} (kg/s)十分重要。通过分析曲线或者从持久的观察和探索中得到经验公式,引进其相对数量 $\xi_{sat} = G_{sat}/G_g$ 。过热器中的压力损失 Δp_{st} 要预先给定,并在后面的计算中,该参数对锅炉输出过热蒸汽有一些影响。

为了确保蒸发器的安全和维护,选择蒸发介质(蒸汽—水)的强制循环倍率 k_{circ} 的正确数值很重要,一般取 2.5 ~ 3.0[10,96,101,134,138,147]。

为了计算汽轮机喷嘴前的蒸汽压力 p_{0_T} ,从过热器出口集箱到汽轮机进口的蒸汽路径上的阻力损失需要考虑进来。阻力损失源于以下已安装的设备:①在过热器出口的节流阀;②出口集箱;③集箱三通;④截止阀[19,96]。冷凝器的选择十分重要[14,30,97,118,148,149],因为其内部的高度真空可以保证克劳修斯-朗肯循环的高热效率,即在汽轮机中的等熵焓差 Ha 较高,这样输出功率问题也就得以解决。因此,由相应的相关饱和温度 T_x (K),主蒸汽冷凝器中的真空级别 p_x [12,106]的选择要考虑海水温度。然后,其他相关的热力—物理特性,比如冷凝器进口的干饱和蒸汽的焓 h''_x 与熵 S''_x，就可以确定了，进而可以确定 H_a。

燃—蒸联合循环中，考虑汽轮机减速齿轮箱的机械效率 η_{m_T}，燃气轮机的效率 η_{i_g} 和其减速装置效率 η_{m_g} 也是必要的，这些效率可以来自技术数据或者计算。对于有中间抽汽的循环，接近点温度的数值需要在抽汽加热阶段确定，可以用式 $\delta h'_x \approx 37\mathrm{kJ/kg}$ [131] 计算。

3.8 主要输入参数初步选取

根据技术任务，各个受热面的尺寸(受热管束的数目)由式 $z_1 + z_2 + z_3 \leqslant \sum z_n^{\max}$ 确定，这依赖于锅炉安装高度，在计算中这些值都是常数。同时，系统(数学分析方法)建立起来后，受热管的数量是最后依赖可接受的几何和热力学因素的上限计算出来的。相应地，受热面数量以各个受热面温度差为特性，温度差参数表示如下：

$x_1 = t_{g_s} - t_S$，称为窄点温度，蒸发器出口烟气温度与饱和蒸汽温度的差值。

$x_2 = t_{g_0} - t_{st}$，锅炉进口烟气温度与过热器蒸出口汽温的差值。

$x_3 = t_s - t_e$，锅炉饱和温度与省煤器出口水温的差值。为了防止省煤器内水发生沸腾，此值必须控制在一定的范围内。

实际情况中，确定这些最主要的温度差，将会使最后估计的换热管数量 (z_i^{calc}) 与最开始设定的数值相一致，因此不等式 $|\Delta z_i| = |z_i^{\mathrm{calc}} - z_i| > 0$ 是合理的。进而，各个温度差 x_1、x_2、x_3 的后续调整程度依赖于所有锅炉组成部分的不准确度。通过非线性方程的不同求解方法 [83,141]，一旦获得所需的各个受热面确切的准确度，方程为 $|\Delta z_i| = |z_i^{\mathrm{calc}} - z_i| < \mathrm{accuracy}(10^{-4})$，那么计算任务可以认为已经完成，但是与预先确定的温差有误差，而与初始选择的热管数目相一致。

3.9 余热锅炉的热力学效率分析

一旦余热锅炉与余热利用循环的几何参数与热力学参数选定，就可以进行分析直到得出最终结果。通过改变锅炉管束的几何布置或者热力学参数，可以比较不同的选择得到最好的结果。

3.9.1 锅炉蒸汽产量的确定

锅炉蒸汽产量是蒸汽循环的数量特性值，可以确定具体主机类型在给定负荷情况下的蒸汽量。为了使最后的结果更加有通用性并与以上提到的条件无关，引进相对余热锅炉蒸汽产量 $\xi = G_{st}/G_g$，依据热平衡方程：

$$\xi = (\eta_{al} \times \Delta h_{g_{sp}} + \xi_{sat} \times \Delta h_{st})/(\Delta h_{st} + \Delta h_s) \tag{3.4}$$

式中：$\Delta h_{g_{sp}}$ 为烟气中被过热器利用的热量 Δh_{g_2} 与蒸发器利用的热量 Δh_{g_1} 之和，即 $\Delta h_{g_{sp}} = \Delta h_{g_1} + \Delta h_{g_2}$。热量 $\Delta h_{g_{sp}}$ 等于焓差，即 $\Delta h_{g_{sp}} = h_{g_0} - h_{g_s}$，蒸发器后的焓 $h_{g_{sp}}$ 是主要的部分，其决定了锅炉输出并且取决于各自的温度，即受热面尺寸：$h_{g_s} = f(t_{g_s}, \alpha)$（参见式(3.1)）和 $t_g = f(z_1, z_2, z_3, p_s, \cdots) = t_s + x_1$）。在蒸发器中产生 1kg 饱和蒸汽所需要的热量为 $\Delta h_s = h_s - h_e' + k_{rec} \times (h_s' - h_e')$。而产生 1kg 过热蒸汽需要加热到温度 $t_{st} = t_{g_0} - x_2$，其所需热量为 $\Delta h_{st} = h_{st} - h_s$，kJ/kg。省煤器出口的给水焓 h_e 取决于其温度 $t_e = t_s - x_3$ 和蒸汽压力。然而在温度范围 $t_e = 130℃ \sim 230℃$ 内，这个范围实际上可以接受的，并且应用到目前的船舶余热利用系统中，简化方程式为 $h_e' = 25.28 + 378.01 \times (t_e/100) + 17.75 \times (t_e/100)^2$。在连通管和受热管的过热蒸汽压力损失 Δp_c，Δp_{st}，对焓值有某些特定的减小效应 $h_{st} = f(t_{st}, p_s, \Delta p_{st}, \Delta p_c)$[63]。当过热器出口的蒸汽温度 $t_{st} = t_s - x_2$ 以及压力 $p_{st} = p_s - \Delta p_{st} - \Delta p_c$ 确定时，它的焓值可以用下式计算：

$$h_{st} = 2143.92 + 301.66 \times (t_{st}/100) - 8.37 \times (t_{st}/100)^2 +$$
$$a_1 \times y_{st} - a_2 \times y_{st}^2 \quad (\text{kJ/kg}) \tag{3.5}$$

式中：$a_1 = 518.59 - 172.3 \times (t_{st}/100) + 16.41 \times (t_{st}/100)^2$；$a_2 = 210.98 - 70.33 \times (t_{st}/100) + 6.7 \times (t_{st}/100)^2$；$y_{st} = t_{s_{ST}}/100$ 为饱和温度系数，与饱和压力 p_{st} 相对应。

之前提到的饱和蒸汽消耗 ξ_{sat} 可以由每个不同的技术标准或者通过取决于不同因素的经验式决定。饱和蒸汽消耗量与以下因素有关：①主冷凝器的抽汽器以及一个海水淡化装置；②燃料日用柜、燃油加热器；③蒸汽泄漏。因此可得：

$$(\xi_{sat_{i+1}})\xi_{sat} = 0.00141 + \frac{0.072 + 0.056/n_{shaft}}{G_g} + 0.007 \times \xi \quad \left(\frac{\text{kg 蒸汽}}{1\text{kg 烟气}}\right)$$
$$\tag{3.6}$$

式中：n_{shaft} 是桨轴的数量，由于蒸汽产量都是互相依赖的，因此，通过代入以及在迭代计算之后，可以得到准确的 ξ 和 ξ_{sat} 值。

3.9.2 锅炉蒸汽压力损失

如前所述，锅炉蒸汽产量与过热蒸汽焓受汽包与过热器进口集箱之间的连通管蒸汽压力下降值 Δp_c 的影响，也受在过热器中引起相关的阻力损失 Δp_{st} 的影响（参见图3.3）。在连通管中的蒸汽压力下降可以通过公式：$\Delta p_c = \zeta_{st} \times w_c^2 \times 10^{-4}/[v_s \times (2 \times g)]$ 计算得到。根据具体工程，如果连通管的直径是固定的，蒸汽速度就可以按照公式 $w_c = \xi_{st} \times G_g \times v_s/F_{dt}$ 来确定。因此在过热器进口的各自蒸汽压力可以根据锅炉汽包中压力的差值与连通管阻力损失 $p_c = p_s - \Delta p_c$ 得到。对应此压力 p_c 的饱和温度 t_{s_c}，包括其他的压力级别的饱和温度 t_{s_c}（包括其他压力等级在内的对应的压力 p_c 的饱和温度 t_{s_c}），可以基于水/蒸汽热力学性质数据表得到或者根据推导式(3.7)得到[132]：

$$t_{s_c}(t_{s_i}) = \sum a_n \times (10^{-1} \times \ln(0.980665 \times p_c))^n \quad (\text{℃}) \qquad (3.7)$$

n	0	1	2	3	
a_n	99.632	279.467	240.299	212.98	
n	4	5	6	7	8
a_n	160.22	110.97	278.81	94.6	−849.1

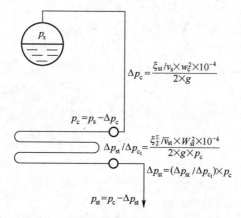

图 3.3 产生过热蒸汽的沿程压力损失

在过热器中的压力降低 Δp_{st} 不仅取决于总的蒸汽产量,也同样取决于管束的几何因素和蒸汽质量指数:

$$\Delta p_{st}/\Delta p_{c_i} = \zeta_2^{\Sigma} \times \overline{v_{st}} \times W_{st}^2 \times 10^{-4}/2 \times g \times p_c$$

$$\Delta p_{st} = (\Delta p_{st}/\Delta p_{c_i}) \times p_c \qquad (\text{bar}) \qquad\qquad (3.8)$$

在过热器中的蒸汽速度 $W_{st} = \dfrac{\xi_{st} \times W_g \times L}{\pi \times (d_{in}^2/S_1)}$ 。在过热过程中的特定蒸汽比容的平均值可以通过规范或者下式求得:

$$\overline{v_{st}} = \left(1.0675 + 0.8108 \times (t_{s_c}/100) - 0.168 \times \frac{(t_{s_c}/100)}{2 \times (p_s - \Delta p_c - \Delta p_{st}/2)}\right) \times$$
$$\left(1 + \frac{0.961 + 0.25 \times (t_{s_c}/100) - 0.216 \times (t_{s_c}/100)}{1 - \Delta p_{st}/\Delta p_{c_i}}\right) \quad \left(\frac{\text{m}^3}{\text{kg}}\right)$$

$$(3.9)$$

当压力下降值 Δp_c,Δp_{st} 计算出来后,相应的饱和温度 $t_{s_{ST}}$ 可以从预先接受的 $t_{s_{ST}} = t_s$,并基于式(3.7)或者饱和温度减少量来计算更加精确。而过热器中的压力降低可以由下式得到

$$\Delta t_{s_{ST}} = (0.0493 + 0.214 \times y_c + (0.046 + 0.08 \times y_c) \times (\Delta p_{st}/\Delta p_{c_i})) \times$$
$$(\Delta p_{st}/\Delta p_{c_i}) \times 10^2 \qquad (\text{℃}) \qquad\qquad (3.10)$$

式中: $y_c = t_{s_c}/100, t_{s_{ST}} = t_{s_c} - \Delta t_{s_{ST}} (\text{℃})$

最后,过热蒸汽焓值可以根据式(3.5)得到更精确的结果。

3.9.3 有效利用的烟气热量

在每个区域的有效利用的烟气热量如下:

蒸发器中, $\Delta h_{g_1} = \xi \times \Delta h_s / \eta_{al} (\text{kJ/kg 烟气})$;

过热器中, $\Delta h_{g_2} = \xi_{st} \times \Delta h_{st} / \eta_{al} (\text{kJ/kg 烟气})$;

省煤器中, $\Delta h_{g_3} = \xi \times \Delta h_e / \eta_{al} (\text{kJ/kg 烟气})$。

因此,为了计算过热器和锅炉出口的烟气温度 $t_{g_{sp}}, t_{g_{exh}}$,它们各自的焓值可以计算得到,即由等式 $h_{g_{sp}} = h_{g_0} - \Delta h_{g_1}, h_{g_{exh}} = h_{g_s} - \Delta h_{g_3}$ 计算得到的结果。相关的温度可以通过查询烟气热力学性质表或者根据下式确定:

$$t_{g_i} = 99.52 \times (h_{g_i}/100) - 4.11 \times (h_{g_i}/100)^2 - 0.28 - a_t \times c_\alpha + b_t \times c_\alpha^2$$

$$(3.11)$$

式中, a_t, b_t 可以由以下公式表示: $a_t = 0.448 \times (h_{g_i}/100) + 6.118 \times (h_{g_i}/100)^2 - 0.393, b_t = 0.657 \times (h_{g_i}/100) - 0.143$。

只有这样对数平均温差才能计算出来,即 $\Delta t_{log} = (\Delta t_{max} - \Delta t_{min})/\ln(\Delta t_{max}/\Delta t_{min})$,其中 Δt_{max}、Δt_{min} 分别为加热工质(烟气)和升温介质(水、蒸汽)最大温度差和最小温度差。同样在各受热面,平均烟气温度也可以得到,并且在传热方程中使用。

蒸发器内, $\overline{t_{g_1}} = (t_{g_{sp}} - t_{g_s}) \times 0.5$

过热器内, $\overline{t_{g_2}} = (t_{g_0} - t_{g_{sp}}) \times 0.5$

省煤器内, $\overline{t_{g_3}} = (t_{g_s} - t_{g_{exh}}) \times 0.5$

相关的烟气温度系数也可以根据下式得到:

$$k_{t_i} = \overline{t_{g_i}}/273.15 + 1, i = 1,2,3$$

3.9.4 锅炉蒸发器压力损失对热效率的影响

蒸发器的压力损失计算十分重要,不仅仅是因为在决定循环泵的压头上,而且是因为其对传热效率有非常明显的负面影响,这主要体现在对对数平均温差的影响上。

在蒸发器的开始部分,由于由接近点温度 x_3 代表的省煤器部分的出现,在强烈蒸发区预计出现压降 Δp_1 有较为明显的增加。两相流(蒸汽—水)的模式十分依赖于其传热特性,每种流体成分数量关系以及管的尺寸和管束分布。通过观察,锅炉水蒸发的过程可以分成4个连续的阶段。①汽泡;②当汽泡聚集在一起形成大汽泡—壳状汽泡;③圆形或者驱散环形;④乳化型—最后的阶段。由

54

于省煤器出口的安全因数比可接受的安全因数 x_3 稍小一些,锅炉水从初始阶段一直被加热至饱和温度。汽泡的尺寸大约为 1~3mm,并且尺寸有增大以及向中间聚集的趋势,汽泡蒸发流区会在高蒸汽湿度下发生。通过增加蒸汽干燥度因数 x ,气泡开始合并成更大的气泡,通常也称为弹状气泡。在移动的弹状汽泡之间有中间层可以让汽泡通过,因此进一步加热,当蒸汽干燥度因数明显增加时,这些更大的汽泡开始汇聚在一起并且变成圆形或者驱散环形的流体。直到蒸汽蒸发的第 3 个阶段,在混合物通过时,气泡与管壁内部之间存在一些水层,因此,后者在此有润滑的作用。实际上,仅仅蒸汽气泡、壳式气泡和其他的形式在某种复合层管中移动,这种复合管由基本的钢管和薄水层互相覆盖构成,这种管子大大降低了蒸气形成速度。通过再加热和各自的干燥因数的增加,蒸气蒸发发展到最后的阶段,即乳化型阶段,此时所有流体都是均匀的,蒸气气泡以及留下的水在管内截面上是均匀分布的。在某种程度上,也可以归因于余热锅炉的强制循环,这使得人们可以理解蒸发器压力损失的原理以及它们对受热面传热系数的影响。

尽管在蒸发器的整体上发生着压力变化,不过由于强烈的蒸发,这些压力损失在开始的部分十分显著。高强度的蒸发是当特定体积的介质从水状变成蒸汽时发生的比容的巨大变化(参见图 3.4)。这部分压力的减小可以估算得到,得到的式子可从研究数据得到[27,52,79,84,96,115,138,139,144],它取决于相关的蒸汽和水关系的变换情况、压力、工质速度以及受热管束的数量。尽管如此,应该选择确定强制循环倍率 k_{circ} ,以此观察锅炉安全运行状态。但是如果使用循环倍率高出太多,就要同时增加循环泵的容量和降低蒸发器传热的效率。在蒸发器管束中压力的下降,可以由相应的公式(3.12)表示:

$$\Delta p_1 = \zeta_1 \sum \times \frac{(w \times \gamma)^2}{2 \times g \times \gamma'} \times \left(1 + x \times \left(\frac{\gamma'}{\gamma''} - 1 \right) \right) \qquad (3.12)$$

式中:$(w \times \gamma)$ 为蒸汽/水混合物的质量流速(kg/(s×m²));γ 为蒸汽/水混合物的密度(kg/m³);γ' 为在饱和线上的锅炉水的密度(kg/m³);γ'' 为在饱和线上的干蒸汽的密度(kg/m³)。

通过在蒸发器受热管束的整个长度 $x = f(L_1)$ 上推导蒸汽干燥因数函数相关的积分方程式,包括受热管对汽水混合物密度变化的影响,下式可以计算蒸发器中的压力损失:

$$\Delta p_1 = (a_{V_z} - b_{V_z} \times \Delta t_{sp}) \qquad (3.13)$$

式中变量计算如下:

$a_{V_z} = 0.402 + (0.0158 + 0.0091 \times k_{circ}) \times (y - 2) + 0.136/(0.4 + \tau) + (0.0045 + 0.0015 \times \tau) \times k_{circ}$

$b_{V_z} = 0.073 + 0.0011 \times k_{circ} - (0.0034 + 0.00032 \times k_{circ}) \times \tau$

$\Delta t_{max_1} = t_{g_{sp}} - t_s$, $\tau = x_1/\Delta t_{max_1}$, $y = t_s/100$ 。

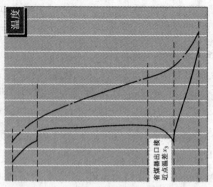

图 3.4　余热锅炉中汽水转换温度图

由于在蒸发器整个长度上压力的变化,饱和温度也会受到影响,这会首先通过平均对数温差 $\Delta t_{\log_1}$ 对传热效率有一定的影响。因此,各自的计算值 Δp_1 会对应一个适当的饱和温度升高值 Δt_{sp} ,可以由下式推导:

$$\Delta t_{sp} = K_P \times a_{V_Z} \times \frac{(\beta_0 - K_P \times a_{V_Z} \times \beta_1)}{1 + K_P \times b_{V_Z} \times (\beta_0 - 2 \times K_P \times a_{V_Z} \times \beta_1)} \quad (\text{℃}) \quad (3.14)$$

式中:

$$K_P = \zeta_1\sum \times \frac{k_{circ}}{g} \times \frac{\Delta i_s}{r} \times v_s \times \left(\frac{W_c \times \xi}{100k_{S_1}}\right)^2$$

$\beta_0 = 37.378 - 29.576 \times y + 6.19 \times y^2$; $\beta_1 = 2.413 - 2.149 \times y + 0.486 \times y^2$

基于 V. A. Semeka 教授的研究,可以获得式(3.15),其反映了蒸发器平均对数温差的影响。

$$\begin{aligned}
k_\delta = {} & 0.452 + 0.256/(0.133 + \tau) + (0.26 + 0.18 \times \Delta t_{sp}) / \Delta t_{\max_1} + \\
& (0.4 \times \Delta t_{sp} - 0.7) / x_1 + ((4.3 + 0.74/\tau - 1.24 \times k_{circ}) \times \Delta t_{sp} + \\
& (1.06 \times \Delta t_{sp} - 2.65) \times (\Delta t_{sp} - 1.7) /(0.24 + \tau) + \\
& (3.7 \times k_{circ} + 2 \times \Delta t_{sp}) \times (2 - y)) \times 10^{-3}
\end{aligned} \quad (3.15)$$

$$\delta_{ev} = \frac{\Delta t_{sp}}{\Delta t_{\max_1}} \times k_\delta \quad (3.16)$$

因此,对于蒸发器来说平均对数温差将可以相应得到:

$$\Delta t_{\log_1} = \frac{(\Delta t_{\max_1} - \Delta t_{\min_1})}{\ln(\Delta t_{\max_1} - \Delta t_{\min_1})} \times (1 + \delta_{ev}) \quad (3.17)$$

另外,实际循环泵水头(压力差)可以与以下一些安全系数一起考虑:

$$p_{circ/p} = K_{safety} \times (p_s + \Delta p_1) \quad (3.18)$$

最后,其他锅炉受热面的平均对数温差可以表示为

$$\Delta t_{\log_2} = \frac{(\Delta t_{\max_1} - x_2)}{\ln(\Delta t_{\max_1} - x_2)} ; \Delta t_{\log_3} = [(t_{g_{exh}} - t_{fw}) - (x_1 + x_3)] /\ln\left(\frac{t_{g_{exh}} - t_{fw}}{x_1 + x_3}\right)$$

$$(3.19)$$

3.9.5 锅炉受热面尺寸计算

基于热平衡与对流换热方程,得到以下热量公式 $Q = k \times F \times \Delta t_{\log}$,其中 k 是传热系数, F 是受热面的大小。在方程变换之后,在烟气出口方向的管束数目可以计算如下:

$$z_i = \frac{\Delta h_{g_i}}{\Delta t_{\log_i}} \times k_F \times \frac{100 W_{c_i}}{k_i} \qquad (3.20)$$

光管锅炉的基本对流传热方程:

$$\frac{l}{k} = \frac{l}{w \times \alpha_1} + \varepsilon + \frac{d}{d_i} \times \frac{l}{\alpha_2} \qquad (3.21)$$

式中,烟气到管壁的传热系数 α_1 相应地可以由 $\alpha_1 = c_z \times c_s \times c_\phi \times \alpha_0$ 确定。在锅炉选择过程中,在已经计算的几何变量中,热辐射对对流传热的影响可以表示为

$$c_\phi = 4.004 - 0.163 \times (\overline{t_{g_i}}/1000) + 0.0733 \times (\overline{t_{g_i}}/1000)^2$$

而放热系数 α_0 的基本规范值可以由下式计算:

$$\alpha_0 = 17.85 \times c_\gamma \times c_d \times (W_{g_i} \times k_{t_i})^{0.6}$$

式中: W_{g_i} 为管束最小截面的烟气质量速度,即 $W_{g_i} = k_w \times W_{C_i}$ 。

从管壁到受热工质(水、蒸汽)的放热系数 α_2 ,对省煤器以及过热器来说,需要考虑;对于蒸发器,系数 α_2 的影响趋于无穷小,因此, α_2 可以省略。对于省煤器以及过热器,放热系数的计算依赖于加热工质的速度和平均温度,而管束的几何特性也有非常显著的影响。可应用公式 $\alpha_2 = c_{d_{in}} \times c_{tn_i} \times (W_{2n_i})^{0.8}$,其中,系数 c_{tn_i} 代表受热介质平均温度,即过热蒸汽平均温度或者相应的省煤器给水平均温度。

过热器

$$c_{tn_2} = 7.08 + 1.46 \times (y_c - 0.48)^2 + (2.27 - 0.9 \times y_c) \times (\overline{t_{st}}/100)$$

省煤器

$$c_{tn_3} = 11.12 + 17.62 \times (\overline{t_{st}}/100) - 2.27 \times (\overline{t_{st}}/100)^2$$

式中:

过热器中过热蒸汽平均温度 $\overline{t_{st}} = \overline{t_{g2}} - \Delta t_{\log2}$;

省煤器中给水平均温度 $\overline{t_{fw}} = \overline{t_{g3}} - \Delta t_{\log3}$ 。

受热介质(蒸汽/锅炉)水的质量速度由产生的蒸汽流量和管内截面决定, $W_{2n_i} = (\xi_i/k_{s_i}) \times W_{C_i}$, $\text{kg}/(\text{m}^2 \cdot \text{s})$,其中 ξ_i 是相关受热介质通过的相对消耗流量。对于过热器 $\xi_i = \xi_2 = \xi_{st}$ 。

对于省煤器 $\xi_i = \xi_3 = \xi \times (1 + k_{rec})$,具有中间抽汽装置的余热利用系统系数 $k_{rec} = 0$,因此, $\xi_i = \xi_3 = \xi$ 。

从以上公式看来,各个受热面管束的总数量可以表示为:

$$z_i^{calc} = (\Delta h_{g_i}/\Delta t_{\log_i}) \times R_i + 0.5573 \qquad (3.22)$$

式中:变量 R_i 表示从烟气到受热介质的总传热系数。基于以上的分析描述,引出下式(3.23):

$$R_i = \frac{M_{1_i}}{c_{\phi_i} \times k_{t_i}^{0.6}} + \left(M_{\varepsilon_i} + \frac{M_{2_i}}{c_{t_i} \times \xi_i^{0.8}} \right) \times (1 - 0.5573/z_i) \qquad (3.23)$$

用变量代表 α_{1_i}：$M_{1_i} = A_{1_i} \cdot W_{C_i}^{0.4}$；

另一个代表烟气侧的污染 ε_i：$M_{\varepsilon_i} = A_{\varepsilon_i} \cdot W_{C_i}$；

最后一个有关 α_{2_i} 的式子：$M_{2_i} = A_{2_i} \cdot W_{C_i}^{0.2}$。

在结果中，光管余热锅炉各个组成部分的受热面数量可以将各个数据代入式(3.22)中算出。

加翅受热面传热系数通过下式修正：

$$\frac{1}{k} = \frac{1}{\overline{\alpha_1}} + \frac{H}{H_{int}} \times \frac{1}{\overline{\alpha_2}} \qquad (3.24)$$

式(3.24)表示加翅管受热面面积和内部表面积之比，$\overline{\alpha_1}$ 和 $\overline{\alpha_2}$ 的值分别是从烟气到管壁再到受热介质的平均放热系数。在式(3.24)中放热系数 $\overline{\alpha_1}$ 不仅是从烟气到管的传热，同样也包含污染系数 ε_i 的不利影响。在本书的例子中，当管子从烟气侧确保有翅片，很明显，从管子到水/蒸汽的传热机制将会与光管受热面一样。

烟气到加翅管的传热系数取决于基管和灰尘堆积的传热效率以及翅片的热阻。对于加翅受热面的辐射部分对传热效率的影响十分微小，可以省略。因此在式中只需要考虑对流成分 α_k，式(3.25)可以应用于受热面尺寸的计算：

$$\overline{\alpha_1} = \left(\frac{H_{fin}}{H_g^{\Sigma}} \times E \times \mu + \frac{H_{sm}}{H_g^{\Sigma}} \right) \times \frac{\psi_r \times \alpha_k \times \omega}{1 + \varepsilon \times \psi_r \times \alpha_k \times \omega} \qquad (3.25)$$

加翅受热面的有效系数 E 取决于翅片几何特性、翅片选择的材料、烟气流道以及灰尘堆积量，其关系为 $E_i = \mathrm{th}(\beta_i \times h_r)/(\beta_i \times h_r)$，其中 $\mathrm{th}(x) = \dfrac{\mathrm{e}^x - \mathrm{e}^{-x}}{\mathrm{e}^x + \mathrm{e}^{-x}}$；导出的翅热效率变量 $\beta_i = \sqrt{\dfrac{2 \times \psi_r \times \alpha_k \times \omega}{\delta_p \times \lambda_M \times (1 + \varepsilon \times \psi_r \times \alpha_k \times \omega)}}$。考

虑到方程式的变形，另一个计算用的公式为 $\beta_i = \sqrt{\dfrac{2 \times \psi_r \times A_{gk_i} \times M_{0i}}{\delta_p \times \lambda_M \times (1 + A_{\varepsilon_i} \times M_{0i})}}$。

由于翅片加宽，接触面系数 $\mu_r = 1 + 0.12 \times (\beta \times h_r) \times (1 - \sqrt{(\delta_{r_2}/\delta_{r1})})$，如果使用直翅片，此系数等于1。由于翅片传热效率的降低，有效的加翅管锅炉受热面将会比总几何面积稍小，因此该因素应通过上述受热面关系的计算，即有效面积与总几何面积的关系：

$$\overline{H_{ef_i}} = (H_{fin}/H_g^{\Sigma}) \times E_i \times \mu + (H_{sm}/H_g^{\Sigma})$$

变量 M_{0i} 是实际烟气流在最小截面的计算值，其对传热的影响：

$$M_{0i} = k_{t_i}^{0.5014} \times (\overline{t_{g_i}}/100)^n \times W_{C_i}^{0.65} \times \omega;$$

$$n = 0.0175 @ \ \overline{t_{g_i}} \leqslant 510\text{℃} ; n = 0.02 @ 510\text{℃} < \overline{t_{g_i}} \leqslant 600\text{℃} ; \quad (3.26)$$

最终,放热系数 $\overline{\alpha_1}$ 对决定锅炉受热面尺寸的影响可以通过下式计算:

$$100 \sqrt{\overline{\alpha_1}} = X_{0i} = (1 + A_{\varepsilon_i} \times M_{0i})/(A_{1i} \times M_{0i}) \times 10^2 \quad (3.27)$$

从烟气到管壁的平均放热系数由 $A_{1i} = \overline{H_{ef_i}} \times \psi_r \times A_{gk_i}$ 表示。在省煤器和过热器中,加翅管到受热工质的现有系数对传热效率的影响可由下式计算:

$$\frac{100}{\overline{\alpha_2}} \times \frac{H_g^{\Sigma}}{H_{in}} = Y_{0i} = \left(\frac{k_{s_i}}{\xi_i \times W_{C_i}} \right)^{0.8} \times \frac{10^2}{c_{t_i} \times c_{d_{in}}} \quad (3.28)$$

对于蒸发器,受热面变量 $Y_{0i} = 0$。

最后,变换式中的加热管束数量由下式计算:

$$z_i^{calc} = (\Delta h_{g_i} / \Delta t_{\log_i}) \times k_F \times W_C \times (X_{0i} + Y_{0i}) \quad (3.29)$$

如上所述,锅炉受热面会由于初始接收的温度差 x_i 计算得到的 $\Delta z_i = |z_i^{calc} - z_i| > 0$ 不同而不同。因此,对 x_{i+1} 应做出各自的调整,每个锅炉受热面的偏差程度的影响都较复杂。因此,通过使用不同的迭代方式,这个非线性方程系统可以在要求的精确度内解决 $\Delta z_i = |z_i^{calc} - z_i| \leqslant accuracy$。

3.10 余热锅炉烟气阻力的计算

锅炉烟气阻力由受热面大小、管束几何尺寸和烟气流速决定,即 $\Delta P_{g_i} = f(k_h, z_i, \overline{t_{g_i}}, W_{C_i})^{[21,86,100,117]}$。反过来,它对主机输出功率产生影响。通常锅炉阻力的上限是由主机制造商限制的,因为超过上限既会造成效率显著下降,也会导致主机运行的不稳定。

根据不同的锅炉受热面型号,提出不同的关联式,因此,光管锅炉的烟风阻力可以根据下式计算:

$$\Delta P_{g_i} = k_h \times (z_i + 1) \times k_{t_i}^{1.194} \times W_{C_i}^{1.73} \quad (\text{kg/m}^2) \quad (3.30)$$

在相似的条件下,由于烟气通道存在更小的空间,加翅受热面锅炉烟气阻力会更高,因此,可以得到

$$\Delta P_{g_i} = k_{T\Gamma} \times c_{z_i}^h \times z_i \times k_{t_i}^{1.4475} \times W_{C_i}^{1.75} \times (\overline{t_{g_i}}/100)^{0.25 \times n_{\Gamma}} \quad (\text{kg/m}^2)$$
$$(3.31)$$

式中,阻挡烟气流动的管束数量系数如下:

$c_{z_i}^h = 1 + 1.5 \times e^{-k_{z_i}^h \times z_i}$ 和 $k_{z_i}^h = 0.8942 - (z_i - 3) \times (0.107\ 867 - (z_i - 3) \times 0.0838)$;

$\overline{t_{g_i}} \leqslant 420\text{℃}, n_{\Gamma} = -0.020$;

$\overline{t_{g_i}} > 420℃$，$n_\Gamma = -0.032$。

而总烟风阻力是各锅炉组成部分的总和，即

$$\Sigma\Delta P_{g_i} = \Delta P_{g_1} + \Delta P_{g_2} + \Delta P_{g_3}。$$

3.11 蒸汽循环效率增益的确定

汽轮机输出功率取决于喷嘴前的蒸汽流量 ξ，$\xi_{st} = \xi - \xi_{sat}$ 和蒸汽参数 t_{0_T}，p_{0_T} 以及冷凝器进口的蒸汽参数 p_x。

汽轮机喷嘴的进口压力取决于管道的水动力压力损失 Δp_T，它由过热器主阀门、进出口集箱、三通阀与截止阀所组成。所选择的沿程摩擦阻力可以在特定的制造商手册中找到或者通过不同的水力计算标准进行计算。根据蒸汽从锅炉到汽轮机的主要流道结构，相关的压降约等于比值 $\Delta p_T/p_{0_T} \approx 0.055 \sim 0.065^{[19,120]}$；因此，各饱和温度减小值 $\Delta t_{s_T} = f(y_{st}, \Delta p_T/p_{0_T})$，可以通过在式（3.10）中代入相应的数据进行计算，其中饱和温度指数 $y_{st} = t_{s_T}/100$。实际的蒸汽饱和温度对应相关的压力 $p_{0_T} = p_{st} - \Delta t_{s_T}$；在喷嘴前的汽轮机进口是下式差值：$t_{s_T} = t_{s_{ST}} - \Delta t_{s_T}$；$y_T = t_{s_{ST}}/100$。除蒸汽压力损失外，还存在热量损失。热量损失取决于保温材料的质量、蒸汽与主机舱的温度差、蒸汽管路的长度、压力以及其他因素。但是在本书考虑的例子中，发现由于散热导致的焓降大约为 $h_T \approx 0.1\% \times h_{st}$，因此，在汽轮机第一级，喷嘴进口相关的过热蒸汽温度降低值 Δt_{s_T} 将相应地调整为（见式（3.5）中的相关指数）：

$$\Delta t_{st_T} = \frac{(\Delta h_T + (2 \times a_2 \times y_T - a_1) \times \Delta y_T) \times 100}{302.08 - 16.74 \times U_{st} - (172.3 - 32.82 \times U_{st}) \times y_T + (70.33 - 13.4 \times U_{st}) \times y_T^2}$$

(3.32)

式中：$U_{st} = \Delta t_{st_T}/100$；$\Delta y_T = \Delta t_{s_T}/100$。

因此，汽轮机进口的蒸汽温度可以更精确地定义为 $t_{st_T} = t_{st} - \Delta t_{st_T}$，它的焓也一样，即

$$\begin{aligned} S_0 = {} & 8.39228 - 1.79479 \times y_T + 0.22622 \times y_T^2 - 0.06283 \times y_T^3 + \\ & (0.58904 - 0.07497 \times y_T + 0.08582 \times y_T^2) \times U_{st} - \\ & (0.03317 + 0.02853 \times y_T) \times U_{st}^2 + 0.005547 \times U_{st}^3 \quad (kJ/(kg \times K)) \end{aligned}$$

(3.33)

蒸汽循环中，汽轮机中的等熵焓差为

$$Ha = h_{st_T} - h_x'' + T_x \times (S_x'' - S_0)$$

(3.34)

汽轮机的热效率 η_{0i} 可以通过规范以及汽轮机的计算或者使用一些如下的简化式计算得到$^{[6,8,9,12,42,106]}$。通过先进汽轮发电机的市场信息处理，得到

某些取决于蒸汽数据以及汽轮机输出功率范围的共同规律。V. A. Semeka 教授做过相似的研究,以下关于汽轮发电机(输出范围为 500~7500/8500kW)的效率等式已经被验证:

$$\eta_{0i} = (A_\eta - 16.342 \times y_T + (3.13 + 1.428 \times y_T) \times U_{st} - 0.36 \times U_{st}^2) \times k_\eta \times 10^{-2}$$

(3.35)

式中:对于燃蒸联合循环,常数 $A_\eta = 97.673$;在柴油机作为船舶主机的动力装置中汽轮发电机,$A_\eta = 90.58$。

效率系数:

$$k_\eta = 0.9229 - 0.0344 \times y_T + (0.161 + 0.0434 \times y_T) \times k_N - (0.1072 + 0.009 \times y_T) \times k_N^2 + 0.0233 \times k_N^3$$

效率因数 $k_N = Ne_{ST_i}/5000$

通过将汽轮机输出功率 Ne_{ST_i} 的计算值代入到式(3.35)中,重复迭代,最后可以得到需要的精确结果,即 $Ne_{ST_i} = Ha \times \xi_{st} \times G_g \times \eta_{0i} \times \eta_{m_T}$。

3.12 中间抽汽循环效率的调整

对于有中间抽汽装置的余热利用循环,除氧、给水预热应该结合起来,这样在主机正常运行的负荷范围内,蒸汽能够达到所有需要的热量。考虑到船舶特点,最低的耐用的主动力装置负荷级别应该不小于标定功率(即 MCR)的 70%左右。这样可以使得余热锅炉中的压力下降和蒸汽沿程阻力下降相似。因此,应该提高抽汽点,即在设计阶段抽汽点压力 p_{ext} 是在正常负荷条件下选择的值。考虑到除氧器可以在主机部分负荷并且没有任何新鲜蒸汽供给下工作,因此该点应该提高。基于维护经验,当主机的实际载荷等于 MCR 的 70%时,锅炉中的压力约减小到正常负荷下的 79%[3,95]。提高抽汽点压力是有必要的,但是会降低正常输出的周期净收益。然而电力装置可靠性是在正常运行负荷的范围内和平均运行效率下保持的。当抽汽压力设定时,其坐标 $Y_1 = (h'_{s_{ext}} - h'_x + \delta h'_x)/(h'_{s_T} - h'_x)$,式中沸腾水的焓值 $h'_{s_{ext}}, h'_x, h'_{s_T}$ 对应抽汽点压力 p_{ext}、冷凝器 p_x 以及汽轮机进口 p_{0_T}(见式(3.3)和式(3.7)),因此,由于抽汽导致的相关产汽量引起的减小值为

$$\Delta\xi_{ext} = (1 - \Psi) \times \frac{h'_{fw} - h'_{fwp}}{h_{st} - \Psi \times Ha \times \eta_{0i} - h'_{fwp}} \times \xi$$

(3.36)

式中:$\Psi = f(Y_1, p_{st}, h_{st})$ 为抽汽流量因素[130]。对于具有恒温再循环阀的系统,这个值等于 $\Delta\xi_{ext} = 0$。最后,汽轮机输出值可以根据下式(3.37)计算:

$$\Pi = (\xi_{st} - \Delta\xi_{ext}) \times Ha \times \eta_{0i} \times \eta_{m_T}$$

(3.37)

式中:η_{m_T} 为汽轮机的机械效率。得到的特性值 Π 单位为 kJ/kg 烟气,是汽轮机净输出功率的测量值,根据主机负荷不同而有所改变。因此,通过乘以总流量 G_g,此

总流量是在一定负荷级别下特定型号的主机流量数据,等级的绝对值根据式 Ne_{st} = $\Pi \times G_g(\mathrm{kW})$ 确定。同时,余热锅炉的烟气阻力会导致燃气轮机能量的减小:

$$\Delta He_g = 2.403 \times 10^{-5} \times \eta_{ig} \times \eta_{M_{GT}} \times (\Sigma \Delta P_{gi} - 150) \times T_{g0} \quad (3.38)$$

驱动通用设备(发电机、螺旋桨或者其他等等)的任何原动机,如主机燃气轮机和汽轮机,动力单元总体效率的提升由两个贡献相反的组成部分,由于采用余热利用系统,最终净效率的评估方法如下:

$$\Pi_0 = \Pi - \Delta He_g \quad (3.39)$$

最后,对有恒温再循环阀以及中间抽汽的余热利用循环的热力学以及余热锅炉尺寸都建立起了数学分析方法模型。当锅炉有不同类型的受热面时,即光管或翅片管,都是可选择的。此方法的简化流程表如图 3.5 所示。

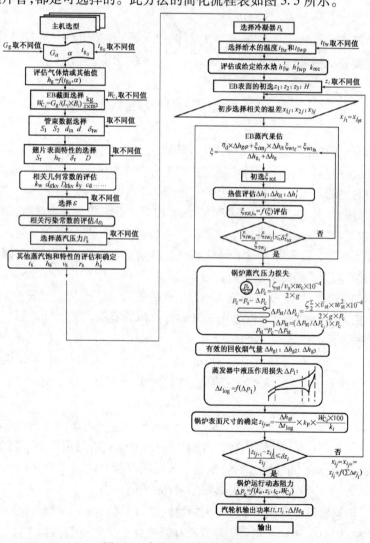

图 3.5　余热锅炉数学模型流程图

3.13 总　　结

（1）上述研究的创新之处是余热利用循环效率的计算式建立在可行的、固定尺寸的余热锅炉基础上。因为可以利用的热量已经确定,该方法对于这种类型的动力单元十分重要。

（2）对于船舶,特别是对速度和货船空间这两个因素既矛盾而又至关重要的特种船,能够在固定的尺寸中确保动力单元的最高效率十分重要。

（3）作为受热面大小的受热管束的数量,从实际的角度出发,确保余热锅炉模块易于设计制造并且可以实现动力设备的最优化装配。

（4）另一个优点就是得到的相关值可以在很宽范围的不同额定功率、不同负荷以及不同环境、不同型号发动机上得到验证。

（5）本章对其他影响因素,如几何以及热力学因素的影响,进行了研究。

（6）其他类型的余热利用循环可以利用本章公式进行详细计算;更复杂先进的双级压力余热利用系统对于额定输出功率较大的中速柴油机和燃气轮机尤为适用。

第4章 紧凑式高功率动力装置的热利用循环及余热锅炉设备优化

4.1 引　言

　　本书研究的对象是余热利用系统,它与燃气轮机(或者大功率中速柴油机)和汽轮机联合使用(参见图4.1)。余热利用系统正成为主推进装置非常必要的一部分,而且这一类型的船舶引起了越来越多的关注(见第1章),本书选择燃气轮机作为主机的船舶进行研究。低烟气温度 t_{g_0} 下的研究成果可以应用于类似的大功率中速柴油机动力装置中。所有涉及的问题以及得出的结论对余热利用系统都有实际意义,与主机类型无关,只是实际应用的程度不同。

　　本书研究的主要任务是优化方案,使得余热利用系统产生最高的热力学系统输出量,特别是余热锅炉可能因为安装问题或者节约成本要求而导致尺寸尤其是高度 ΣH_i 受限制的情况。因此,对流受热面之间的相互协调和再分布 $((\Sigma H_i)\Sigma z_i = z_{1_i} + z_{2_i} + z_{3_i})$ 是动力装置优化方法中的一种。通过这样的方法可以使得最高动力装置总输出功率达到最大即 $\Pi_0 = \max$,两个组成部分的差为 $\Pi_0 = \Pi - \Delta He_G (\mathrm{kJ/1kg} 烟气)$ 。用烟气流量 G_g 乘以由于余热利用系统引入的功率输出 Π 的相关增量,可以得到汽轮机输出功率 $Ne_{ST} = \Pi \times G_g$ （kW）。

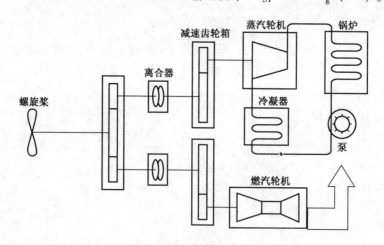

图 4.1　燃-蒸联合循环示意图

同时,有必要研究余热锅炉不同受热面对余热利用系统效率指数以及整个无限增长动力装置的组成部分 z_1、z_2、z_3 的影响,即各管束的数目(1 为蒸发器,2 为过热器,3 为省煤器)。采用带有再循环调温阀的余热利用系统(见图 4.2),可以以最小锅炉受热面尺寸达到最大的烟气冷却率,并且可以维持进口给水温度 t_{fw},在变工况下也能保持恒定值(见第 1、2 章)。同时,基于规范、维护经验以及设计实践,在余热锅炉出口的最低烟气温度为 $t_{gexh} \geqslant 160℃$ 时,即接近点温度 x_3($x_3 = t_s - t_e$),如图 4.2 所示,其应是正值,$x_3 > x_3^{min}$(15℃)。

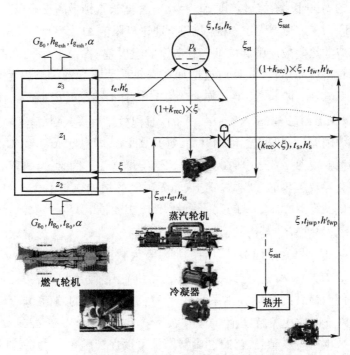

图 4.2　锅炉给水再热循环余热利用系统

同时,当锅炉尺寸可以在另一个相似的组成部件中增加 ΔH_i,对流受热面也充分增加 $\Delta z_i = \Sigma z_{i+1} - \Sigma z_i$,从而保证动力装置的最高效率,即 $\partial \Pi_0 / \partial z_i =$ max。但是锅炉哪个受热面应该增加并且增加到什么程度是本章的研究任务。同时,任何改变将会影响其他的效率指数,例如,余热锅炉中最优化的蒸汽压力随着其他系统技术指标变化。本章是研究在固定的锅炉尺寸内达到最高的输出这一棘手的问题。本章各节分别阐述优化过程的复杂性。

4.2　余热锅炉受热面对系统热力学指标的影响

基于以上提及的复杂且具有共性的锅炉受热面的影响因素,如省煤器、过热器以及蒸发器,本节研究省煤器和蒸发器或者省煤器和过热器再或者过热器和蒸发器,保持恒定情况下,其他部分无限制增长对余热利用系统和动力装置运行的影响。

4.2.1 受热面无限增长时对过热器的影响

过热器的作用是为了保证饱和蒸汽过热来增加朗肯循环的热力学效率并确保汽轮机长期可靠的运行。当其他两个组成部分保持不变 z_1、z_3 为常数,随着过热器受热面的 z_2 增长,蒸汽过热度 $\Delta t_{st} = t_{st} - t_s$ 增长直到最高理论极限值 Δt_{st}^{max}(参见图 4.3)。在过热器大小不受限制时,理论极限值 $\Delta t_{st}^{max} = t_{g0} - t_s + \delta_t$,其中 δ_t 是由于相应的热阻效应引起的烟气和蒸汽的温度差。Δt_{st} 和 t_{st} 两个值的增长可以保证汽轮机可靠运行,并且通过增加在涡轮循环实现的等熵焓差 Ha(kJ/kg)(参见图 4.4)保证效率。涡轮循环中有指数 $\partial Ha / \partial z_2 > 0$,但是 $\partial^2 Ha / (\partial z_2)^2 < 0$;$Ha \approx \overline{c_{ST}} \times (t_{st} - t_x)$。$t_x$ 是涡轮排放进入冷凝器干蒸汽焓值对应的温度。随着过热蒸汽温度的升高,每升高 1℃,即温度 $\Delta t_{st} = 1℃$,涡轮内部效率 η_{0i} 约以 $(2.8 \sim 3.3) \times 10^{-4}\%$ 的速率缓慢增长。同时,过热器受热面尺寸增长越多会导致越少的净收益。受热面无限制的增加也是不合理的,因为这同余热锅炉的烟气阻力 ΔP_{gi} 的几乎直线增长相矛盾,$\Delta P_{gi} \approx \Delta P_{g0} + k_2^{\Delta P} \times \Delta z_{2i}$(kg/m²),其中 ΔP_{g0} 是初始锅炉受热面积大小 z_{1_0},z_{2_0},z_{3_0} 为常数的锅炉烟气阻力和 Δz_{2_i} 过热器受热面增加以后的加热管束数目(参见图 4.5)。Π 值趋于其理论极大值 Π^{MAX}(参见图 4.6),主机(汽轮机)中的功率损失 ΔHe_g 与受热面增长成正比。最后的余热利用系统效率 Π_0 是两个值的差值,即 $\Pi_0 = \Pi - \Delta He_g$,并有以下函数相关特征值:$\partial^2 \Pi_0 / \partial z_2^2 \approx \partial^2 \Pi / \partial z_2^2 < 0$;$\partial^2 \Delta He_g / \partial z_2^2 \approx 0$。基于这些指数本书可以预测,初始过热器增长可以保证整个动力系统的效率增加,即 $\partial \Pi_0 / \partial z_2 > 0$。在某临界数量 $z_{2_i} = z_2^{crit}$ 时,Π_0 可以达到其最大值 Π_0^{MAX}。因此,过热器面积的进一步增大 $z_{2_i} > z_2^{crit}$,将导致主机功率损失 $\Delta He_g = f(\Delta P_{gi})$,即 $\partial \Pi_0 / \partial z_2 < 0$(参见图 4.7)。当蒸发器和省煤器的受热面大小固定时,临界过热器管束数量 z_2^{crit} 取决于进口烟气温度,而且几乎是成正比(参见图 4.8)。本章将尝试探索过热器对传热过程影响的更多细节。随着过热器受热面 z_2 增大,没有观察到任何明显的烟气冷却速率变化,即 $\partial Q_i / \partial z_2 \approx 0$。根据这个事实,烟气冷却速率或者其等价烟气温度 t_{gexh} 依赖于蒸发器受热面 z_1 大小,其对应的蒸发器出口烟气温度 t_{gsp} 起着主要作用,即 $t_{gsp} = t_s + x_1$。当其他参数固定时,窄点温度 x_1 主要并直接取决于蒸发器受热面大小,而饱和温度只由其相应压力 p_s 决定。上述的第一个近似可以预测,在过热器以及蒸发器区域传递/利用的热量将会仍然保持不变,即 $(t_{g0} - t_{gs})_i \approx (t_{g0} - t_{gs})_{i+1}$,因此传热量

$(Q_1 + Q_2)_i \approx (Q_1 + Q_2)_{i+1}$（参见图 4.9b）。另外,过热器受热面的增大使得 Q_2 增加,并减小蒸发器进口的烟气温度 $t_{g_{sps}}$。这将导致蒸发器剩余可利用热量的减少并降低蒸汽产量,但是相应的进口烟气温度 $t_{g_{sps}}$ 下降以及平均温度 $\overline{t_{g_1}}$ 减小会导致传热系数 k_1 同样的减小,使得锅炉产汽量 ξ 减小。在本节的案例中,在产汽量中相关的减小占到每 $\Delta z_2 = 1$ 时,约 0.67%~0.50%,或者 $\Delta t_{st} = 1℃$ 时约 0.071%~0.053%。然而,在蒸发器受热面上进一步地冷却烟气时,可以观察到窄点温度 x_1 下降;$t_{gs} = (t_x + x_1)$ 下降。锅炉产汽量的降低可以获得更高的过热度 Δt_{st},然而,这使得可利用热 Q_2 降低。因此,随着过热器受热面的增大,使得蒸汽过热度增加、朗肯循环效率增加。这是基于以下因素的影响。

(1)传热量的增加,即 $\partial Q_2 / \partial z_2 > 0$。

(2)产汽量的减小,即 $\partial \xi / \partial z_2 < 0$,导致每千克饱和蒸汽的过热度提高,即 $\partial (Q_2/\xi)/\partial z_2 \gg 0$。

(3)而某些较小的汽轮机效率 ξ 小幅降低是因为 $\partial \zeta / \partial z_2 |_{all = const} < 0$。

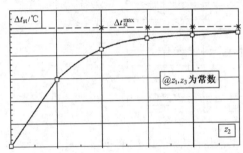

图 4.3　过热器换热面对蒸汽过热度的影响

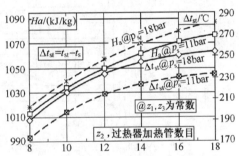

图 4.4　当 z_1 和 z_3 为常数时,过热器对过热度的影响和等熵过程的焓差

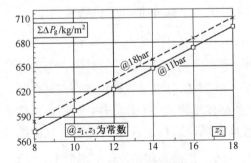

图 4.5　当 z_1 和 z_3 为常数时,过热器对烟风阻力的影响

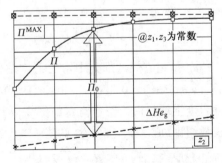

图 4.6　当 z_1 和 z_3 为常数时,过热器对余热利用系统最终输出功率的影响

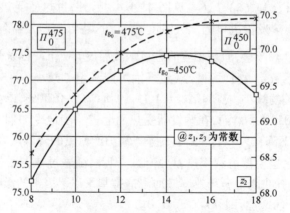

图 4.7　当 z_1 和 z_3 为常数时，不同进气温度下，
过热器对余热利用系统净输出功率的影响

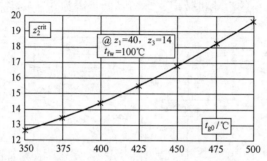

图 4.8　当 z_1 和 z_3 为常数时，达到余热利用系统最大效率时，
过热器管束最大数和进气温度的关系

这些改变对省煤器的运行有微小的影响，使接近点温度 x_3 降低并且由于相关的余热锅炉产汽量的改变导致 $\partial x_3 / \partial z_2 < 0$。进而在热量 Δh_s 中出现了充分的变化，即 $\partial \Delta h_s / \partial z_2 < 0$，$\Delta h_s$ 是在蒸发器中产生 1kg 的饱和蒸汽所需的焓值，且 $\Delta h_s = r_s - (1 + k_{rec}) \times \overline{c_w} \times x_3$。

$\overline{c_w}$ 是在省煤器部分中水的平均焓（其他的值见第 3 章）。所谓的省煤器效应，即 $\partial x_3 / \partial z_2 < 0$ 与 $\partial \Delta h_s / \partial x_3 < 0 \Rightarrow \partial \Delta h_s / \partial z_2 > 0$，导致余热锅炉的产汽量在某种程度上增长。由于产汽量的减少以及换热效率降低，省煤器中可利用热量增长放缓即 $\partial Q_3 / \partial z_2 < 0$（参见图 4.9），这是省煤器运行进入烟气低温区域的结果，即烟气温度 $\overline{t_{g3}}$ 下降；$\partial \overline{t_{g3}} / \partial z_2 |_{all=const} < 0$。在许多涡轮设计的案例中，蒸汽过热度 Δt_{st} 是初始选择的值，会影响涡轮本身以及冷凝器的技术参数和其他特性值。因此，探讨取决于 Δt_{st} 值的余热利用系统效率指数将十分有用。等熵焓差 Ha 直接取决于蒸汽过热度以及有某些细小修正 ξ 的蒸汽效率输出 Π（参见

图 4.10)。由于过热度的增大受热面增大(参见图 4.4), $\partial \Delta z_2 / \partial \Delta t_{st} > 0$, $\partial^2 z_2 / \partial (\Delta t_{st})^2 > 0$,主机的净功率损失 ΔHe_g 是由余热锅炉烟气阻力(参见图 4.10)增加导致汽轮机净输出功率不断减小。由于余热利用系统效应的净效率 $\Pi_0 = \Pi - \Delta He_g$ 倾向于在特定蒸汽过热度时,达到最大值 Π_0^{max},超过了这个值会导致效率快速减小(参见图 4.11)。能够获得最高效率时的蒸汽过热度是优化值 Δt_{st}^{opt}。本书发现(参见图 4.11)此值与进口烟气温度(参见图 4.12)密切相关。蒸汽压力 p_s 与值 Δt_{st}^{opt} 是成相反关系。Δt_{st}^{opt} 是过热蒸汽温度 t_{st} 与饱和蒸汽温度 t_s 的差值。随着压力增加,产汽量减小,过热度有明显的增长趋势。另外,过热器受热面测量值温度差 x_2 ($x_2 = t_{g0} - t_{st}$),取决于锅炉进口的烟气温度 t_{g0} 以及过热器进口的蒸汽温度 t_{st},会由蒸汽压力改变带来不利影响(参见图 4.13)。然而,蒸汽压力的降低速率 x_2 由于相关的温度差 $\Delta t_{max_2} = t_{gsp} - t_s$ 下降而减慢,这会影响相应的对数平均温差。因此,饱和温度 t_s 的改变比温度差 x_2 的改变明显,即 $\partial t_s / \partial p_s > |\partial x_2 / \partial p_s|$。蒸汽过热度是一个温度差值,即 $\Delta t_{st} = (t_{g0} - x_2) - t_s$,因此 $\partial \Delta t_{st}^{opt} / \partial p_s < 0$ 也是成立的(参见图 4.13)。前面提到的蒸汽过热度 Δt_{st}^{opt}

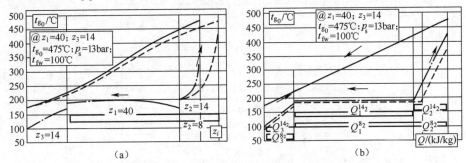

图 4.9　过热器换热面积变化对传热的影响

(a)不同过热器换热面积下,温度-换热面积图　(b)不同过热器换热面积下,温度-传热量图

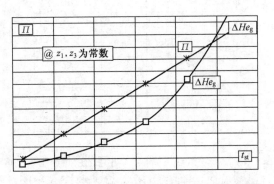

图 4.10　在当 z_1 和 z_3 为常数时,余热锅炉过热器
对余热利用系统效率参数(蒸汽过热度)的影响

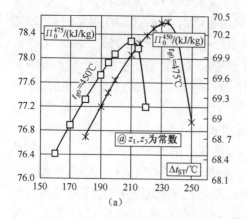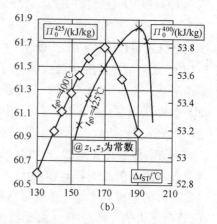

图 4.11　给定蒸发器和省煤器时,不同进气温度下,
余热利用系统效率的净值与蒸汽过热度的关系

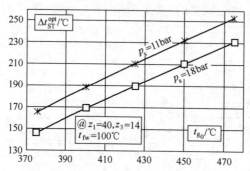

图 4.12　当 z_1 和 z_3 为常数,并保证余热利用系统最高效率时,
不同进气温度下,对蒸汽过热度优化

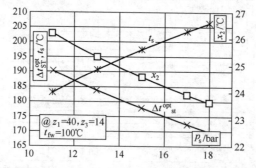

图 4.13　当 z_1 和 z_3 为常数时,并保证余热利用系统最
高效率时,不同蒸汽压力下,对蒸汽过热度优化

是极限值,实际值略低 $\Delta t_{st} < \Delta t_{st}^{opt}$, Δt_{st}^{opt} 是根据余热利用系统的设计参数以及
系统的特性值选择。显然在更高蒸汽压力时应该增加过热度避免汽轮机末级喷

70

嘴进口蒸汽的过高湿度。

4.2.2　受热面无限增长时对省煤器的影响

当过热器 z_2 和蒸发器 z_1 的尺寸固定以及其他热力学参数 p_s、$t_{f/w}$ 为常数时，省煤器面积 z_3 的增长，导致接近点温度 x_3 的减小(参见图 4.14)。由蒸发器产生每千克饱和蒸汽所需要一定热量的减少 $\Delta h_s = r_s - (1 + k_{rec}) \times c_w \times \overline{x_3}$，$\partial \Delta h_s / \partial z_3 < 0$，导致随之发生的产汽量增长，即 $\partial \xi / \partial z_3 > 0$(参见图 4.15)，烟气冷却速率增加，即 $\Delta t_g^\Sigma = t_{g0} - t_{gexh}$，$\partial \Delta t_g^\Sigma / \partial z_3 > 0$。由于产汽量的增加，过热度 Δt_{st} 有下降的趋势。然而在过热器中可利用热量却稍微提高，即 $\Delta Q_{2_i} / Q_{2_i} \times 100\% \approx 3\%$。在蒸发器中的省煤器部分可利用热量减少，其水阻力 Δp_{hydr}^{z1} 有明显的增加趋势(参见图 4.15)，因此需要安装更高水头以及更高电力消耗的循环泵。余热锅炉烟气阻力几乎是正比例上升的，$\Delta P_{g_i} \approx \Delta P_{g_i} + k_3^{\Delta P} \times \Delta z_3$(参见图 4.14)，式中 $k_3^{\Delta P}$ 是省煤器受热面比例参数。然而，相对于过热器受热面，省煤器受热面增加相同值其阻力增加更小，即 $\partial \Delta P_{g_i} / \partial z_2 > \partial \Delta P_{g_i} / \partial z_3$。这是由于过热器的平均烟气温度和烟气速度更高。由于省煤器效应，效率净输出可以由以下参数保证：$\partial \Pi_0 / \partial z_3 > 0$ 和 $\partial^2 \Pi_0 / \partial (z_3)^2 < 0$，但是在研究范围中 Π_0 值不能达到最大值(参见图 4.16)。出于安全考虑，不能为了防止给水在省煤器中沸腾，而使得省煤器受热面的大小不能无限增加。因此，在长期的运行条件下需要监测 $t_e^{max} < t_s$ 或者 $x_3^{min} = t_s - t_e^{max} > 0$。

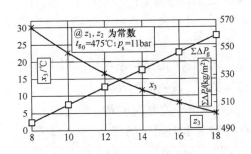
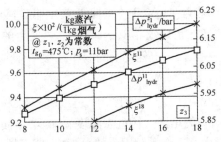

图 4.14　省煤器对余热锅炉 x_3 温度　　图 4.15　省煤器对余热锅炉蒸汽产出量和
　　　　和烟风阻力的影响　　　　　　　　　蒸发器水阻力的影响

4.2.3　受热面无限增长时对蒸发器的影响

蒸发器 z_1 受热面大小与所谓的窄点温差 $x_1 = t_{g_s} - t_s$ 之间关系明确(参见图 4.17)。当蒸发器受热面无限制增长时，温度差 $x_1 \to 0$(参见图 4.18)，即 $\lim\limits_{z_1 \to \infty} x_1 = 0$ 或者 $\partial x_1 / \partial z_1 < 0$、$\partial^2 x_1 / \partial (z_1)^2 > 0$，确保了烟气的进一步冷却。从公

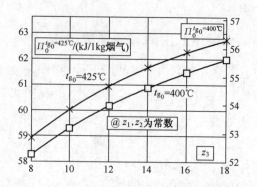

图 4.16　省煤器对余热利用系统净效率的影响

式 $\xi = \dfrac{c_{\mathrm{g}} \times (t_{\mathrm{g_0}} - (t_{\mathrm{s}} - x_1)) \times \eta_{\mathrm{al}} + \xi_{\mathrm{sat}} \times \Delta h_{\mathrm{st}}}{\Delta h_{\mathrm{st}} + \Delta h_{\mathrm{S}}}$ 可以看出,余热锅炉蒸汽相对产量却与窄点温度明显成反比。因此,随着受热面的增加需要吸收足够的热量以确保 $\partial Q_1/\partial z_1 > 0$,这导致 ξ 在以下指数中的增加:$\partial \xi/\partial z_1 > 0$ 以及 $\partial^2 \xi/\partial (z_1)^2 < 0$(参见图 4.17)。与此同时,这也将在过热器中导致更高的烟气冷却速率,并且由于 ξ 增加导致 $\partial Q_2/\partial z_1 > 0$,从而引起蒸发器中传热效率的下降。另一方面,在蒸发器后出现较低的烟气温度,$\partial t_{\mathrm{g_s}}(t_{\mathrm{s}} + x_1)/\partial z_1 < 0$,省煤器中传热效率也降低,相应增加的给水流量 $\partial \xi \times (1 + k_{\mathrm{rec}})/\partial z_1 > 0$,接近点温度 x_3 将会有显著的增长,即 $\partial x_3/\partial z_1 > 0$。因此增加省煤器部分在蒸发器中会有 $h_{\mathrm{s}} \approx r_{\mathrm{s}} + c_{\mathrm{fw}} \times (1 + k_{\mathrm{rec}}) \times x_3$ 或者 $\partial h_{\mathrm{s}}/\partial z_1 > 0$。这些在省煤器和过热器的间接作用 $\partial \Delta t_{\mathrm{st}}/\partial z_1 < 0$,会在一定程度上降低蒸发器受热面增加对锅炉效率的主要影响。受热面的增加也导致相应的锅炉烟气阻力的增加。然而,平均烟气温度 $t_{\mathrm{g_1}} = (t_{\mathrm{g_{sp}}} + t_{\mathrm{g_s}})/2$ 在一定程度上的减小减缓了烟气阻力增加,但是此关系可以从以下式看出:$\Delta P_{\mathrm{g}} = f(z_1) = k_1^{\Delta} \times z_{1_i} + \Delta P_{\mathrm{g_0}}$(参见图 4.19)。蒸发器的水阻力损失 Δp_1,直接取决于受热面的大小,也取决于锅炉产汽量增加导致的汽水混合物流速($k_{\mathrm{circ}} \times \xi$)的增加。接近点温度 x_3 的增长同样导致了水力损失的增加(见第 3 章)。考虑这 3 个主要因素的总效应,蒸发器汽水阻力 Δp_1 将更加取决于蒸发器大小,即 $\partial (p_1)/\partial z_1 > 0$,$\partial^2 (p_1)/\partial (z_1)^2 > 0$(参见图 4.19)。最后,可以得到净效率函数关系 $\Pi_0 = f(z_1)$(参见图 4.20),由产汽量增加所致,而与烟气阻力的直接关系是由净增长的减小决定的。效率增加中的二次减小是因 ξ 升高而导致蒸汽过热度减小决定的,由于更高的质量流量流过第一级涡轮导致涡轮效率增加可以对其减小稍作补偿。当然,主机中关键受热面 $z_1 = z_1^{\mathrm{crit}}$ 减小结果还是会减小汽轮机中的净输出功率。进口烟气温度的进一步增加会使受热面进一步的增大 $\partial z_1^{\mathrm{crit}}/\partial t_{\mathrm{g_0}} > 0$。

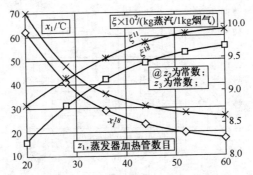

图 4.17　当 z_2 和 z_3 为常数时, 蒸发器对窄点温度 x_1 和蒸汽产生量的影响

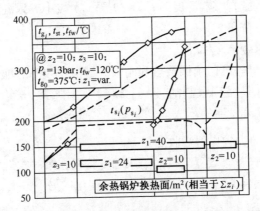

图 4.18　不同蒸发器尺寸下, 余热锅炉的温度-换热面积关系图

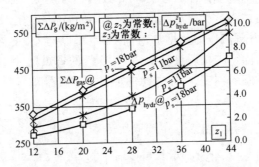

图 4.19　确定省煤器和过热器尺寸下, z_2 和 z_3 为常数时蒸发器尺寸对烟风阻力和水力阻力损失影响

4.2.4　省煤器受热面改变的影响

综上所述, 随着蒸发器受热面的增长, 以下因素可以确保接近点温度增长 $\partial x_3 / \partial z_1 > 0$。

(1) 产汽量以及通过省煤器的给水流量 $[(1 + k_{rec}) \times \xi]$ 增长。

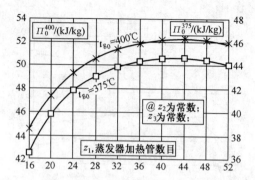

图 4.20　z_2 和 z_3 为常数时余热锅炉蒸发器部分对余热利用系统效率的影响

（2）在低温区域省煤器温度差 $t_{gsp} = (t_s + x_1)$ 减小导致温度梯度减小，即平均对数温差 Δt_{LOG_1} 降低。

（3）导致传热效率 k_3 降低。

与此同时，省煤器可以确保余热利用系统最高净效率的增长，不过从维修安全角度看来其尺寸是受到限制的，即 $x_3 \geqslant 15℃$。因此，在给定的接近点温度 $x_3 = 15℃$ 下，随着蒸发器的增大而增大省煤器 $(\partial z_3 / \partial z_1)_{x_3 = \text{const}} > 0$ 是可能的（参见图 4.21）。因为省煤器吸收热量 $Q_3 = (t_e - t_{fw}) \times (1 + k_{rec}) \times \overline{c_w^e}$ 主要取决于其大小 z_3，这意味着省煤器出口的给水温度将会在第一次近似中约等于常数，即 $t_e \approx \text{const}$，同时接近点温度又取决于压力变化。另一方面，压力 p_s 的增加将会导致余热锅炉产汽量 $\xi \cong (t_{gsp} - t_{exh}) \times \overline{c_g} / (h_s - h'_{fwp})$ 的直接减小。由产汽量 ξ 减小间接引起锅炉出口烟气温度升高，导致利用余热量的加速降低。因此，接近点温度的升高通过锅炉产出蒸汽的各个变化而减慢了。无论如何，在固定的接近点温度时，随着蒸汽压力的增加，省煤器也可以增大（参见图 4.22）。进口烟气温度的增加对固定的接近点温度 $x_3 = 15℃$ 的省煤器大小增大也有相似的影响。为了简化本书的判断，可以考虑锅炉只由省煤器和蒸发器组成，产汽量就可以由下式得到 $\xi \approx (t_{g0} - t_{exh}) \times \overline{c_g} / (h_s - h'_{fwp})$，直接取决于进口烟气温度。在第一次试算中，若窄点温度 x_1 主要取决于受热面大小 z_1，则产汽量可以确定 $\xi \approx [t_{g0} - (t_s + x_1)] \times \overline{c_g} / r_s$，其增长可以表示为 $\Delta \xi \approx \Delta t_{g0} \times \overline{c_g} / r_s$。实际上窄点温度 x_1 同样直接取决于加热介质数量 ξ；然而，这样的趋势在更高的热交换效率以及工作在高温区域条件下减缓，即出口烟温 t_{g0} 上升与 $\partial \overline{t_{gi}} / \partial t_{g0} > 0$，此处 $\overline{t_{gi}}$ 代表各个受热面的平均烟气温度。锅炉产汽量改变量可以表示为 $\Delta \xi \approx (t_{g0} - \Delta x_1) \times \overline{c_g} / r_s$，或者 $\partial \xi / \partial t_{g0} > 0$。尽管窄点温度 x_1 是确定的，但是仍然有相反的增长，即 $\partial x_1 / \partial t_{g0} > 0, \partial^2 x_1 / \partial (t_{g0})^2 < 0$。产汽量 ξ 的增长对接近点温度 x_3 的影响如上所描述。同时，在温度 $t_{gsp} = (t_s + x_1)$ 更高区域的省煤器进口温度 x_3 值的

增加程度也因换热效率 k_3 的增大而减小。最后在同样安全边界内会导致省煤器受热面的增长(参见图4.23),即 $x_3 = 15℃$ 时,$\partial z_3 / \partial t_{g0}|_{x_3;z_2;z_1 = \text{const}} > 0$。

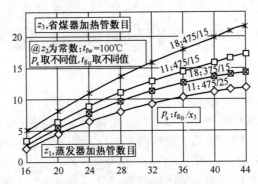

图4.21 确定的接近点温度下,蒸发器对省煤器尺寸的影响

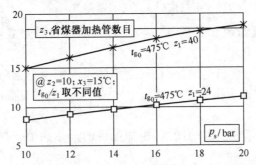

图4.22 在 p_s 不变,改变接近点温度时,蒸发器对省煤器的影响

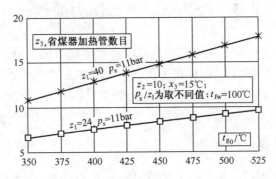

图4.23 在确定接近点温度时,不同进气温度值下,蒸发器对省煤器换热面的影响

4.2.5 结论

(1)效率值 Π_0 取决于两个相反的因素 $\Pi_0 = \Pi - \Delta He_g$;在研究的范围之内,任何对流面积的增加会导致以下指数以及效率增加: $\partial \Pi_0 / \partial z_i > 0$ 且 $\partial^2 \Pi_0 / \partial (z_i)^2 < 0$。

75

（2）由余热利用系统汽轮机产生动力当量 Π 有达到其极值的趋势，即 $\lim\limits_{z \to \infty} \Pi = \Pi^{\max}$ ，而锅炉的烟气阻力与受热管数量几乎成正比 $\sum \Delta P_{g_i} \approx \sum \Delta P_{g_0} + k_i^{\Delta P} \times z_i$ 。

（3）锅炉烟气阻力比率因子 $k_i^{\Delta P}$ 的计算，取决于各个锅炉区域平均烟气温度级别 $k_2^{\Delta P} > k_1^{\Delta P} > k_3^{\Delta P}$ 。

（4）在某些受热面的临界尺寸 z_i^{crit} 的进一步增大，会伴随着余热利用净效率的降低，即 $(\partial \Pi / \partial z_i)_{z_i = z_i^{\text{crit}}} = 0$ 或者 $(\partial \Pi / \partial z_i - \partial \Delta He_g / \partial z_i)_{z_i = z_i^{\text{crit}}} = 0$ 。

（5）省煤器受热面的增加的限制最好由锅炉安全维护因素而不是效率因素确定，即 $x_3 > 15\,^{\circ}\!C$ ，因为在研究范围内省煤器的作用是积极、高效的，$\partial \Pi_0 / \partial z_3 > 0$ 且 $\partial \Pi_0 / \partial z_3 > \partial \Pi_0 / \partial z_1$ ；$\partial \Pi_0 / \partial z_3 > \partial \Pi_0 / \partial z_2$ 。

（6）锅炉受热面任何部分的增加都会对另一部分受热面造成影响，因此，当相同的安全边界 $x_3 \geqslant 15\,^{\circ}\!C$ ，在充分发挥蒸发器作用的同时，增加锅炉中省煤器的部分是可行的。

（7）类似地，通过改变相关的蒸汽压力来确保省煤器受热面增加效应，即 $\partial z_3 / \partial p_s \big|_{x_3 = \text{const}} > 0$ 。

（8）得到这样的锅炉受热面，在其之后的增大都会导致整个动力系统的效率增加变成负值。这个极值受热面 $\sum (z_i^{\text{crit}})^{\max}$ 可以达到最高的系统效率（参见图 4.22）。

（9）随着进口烟气温度的增高，更加先进的余热锅炉受热面可以更加充分地利用排气的热量。

4.3　余热锅炉蒸汽压力的优化

不管是从一些技术要求还是经济性或者效率的方面来看，蒸汽压力的选择都是至关重要的。事实上，锅炉压力优化只是达到最高输出的整个任务中一个特别重要的部分，因此，压力优化是在管与管束的所有几何尺寸以及传热特性都在已确定的锅炉尺寸中进行的，即高度 $\sum H_i$ 为定值的情况下得到的。

4.3.1　引言

蒸汽压力优化是基于初始确定的余热锅炉尺寸，即实际上总高度 $\sum H_i = \sum\limits_{i=1}^{n(=3)} \Delta H_i + \Delta Hx$ ，或者所有锅炉受热面部分（蒸发器、省煤器与过热器）的高度 $H_i^{\Sigma z} = \sum\limits_{i=1}^{n(=3)} \Delta H_i$ ，这是最后基于本书分析的受热面的测量值。当 $z_2 + z_1 + z_3$ 为定值时，各个受热面中管束 $\sum\limits_{i=1}^{n(=3)} z_i$ 分布比例选择为 $z_2 : z_1 : z_3$ 时，动力装置优

化可以通过改变蒸汽压力而达到余热利用系统最高效率,此时的优化压力相应为 $p_s = p_s^{opt}$,这就是本书的研究目标。

余热利用系统效率是根据两个主要的指数乘积 $\Psi \times \eta_R$ 决定,即烟气冷却速率 Ψ 以及蒸汽循环(朗肯)效率 η_R ,即

$$\Psi = (t_{g_0} - t_{g_{exh}})/(t_{g_0} - t_a) \; ; \; \eta_R = (h_{st} - h_x'')/(h_{st} - h_x') \approx Ha/(h_{st} - h_x')$$

(4.1a)

使用相关的较为实际的产汽量 ξ 以及绝热焓差 Ha ,因为它们乘积特性值与汽轮机净输出功率的关系为 $Ne_{st} \sim \xi \times Ha$ 。当 $\overline{c_g}$ 为定值,与热平衡方程相应的产汽量为

$$\xi \approx \frac{(t_{g_0} - t_{g_{exh}}) \times \overline{c_g} \times \eta_{al}}{h_{st} - h_x'} = \frac{(t_{g_0} - t_{g_{exh}}) \times \overline{c_g} \times \eta_{al}}{\Delta h_{st} + \Delta h_s + \Delta h_e'}$$

(4.2)

式中: $\overline{c_g}$ 是排烟焓量的平均值,单位为 kJ/(kg·℃)。

通过对 $\Psi \times \eta_R$ 变换可以得到:

$$\Psi \times \eta_R = \xi \times Ha/(\overline{c_g} \times \eta_{al} \times (t_{g_0} - t_a)) \text{ 或者 } \Psi \times \eta_R \sim \xi \times Ha \quad (4.3)$$

在理想的情况下,当烟气被冷却到环境气体温度时,即 $t_{g_{exh}} = t_a$,可以达到理论上最高产汽量 ξ^0 ,利用率高达 $\Psi = 1$,在锅炉的两个不同产量,实际值和理论值之比 $\Psi = \xi/\xi^0$ 。表达式说明了关于烟气冷却率作为产汽率测量方法的另一个解释,它由针对理论极限可能值的特别余热利用系统(余热锅炉)得出。

当影响循环效率的因素确定之后,可以研究它们对蒸汽压力变化的依赖性。但是这些研究的目的是找出这样的压力均值,保证余热利用系统得到的最高净值,即最高的汽轮机输出功率。因此当达到这种情况时,就可以使用下式:

$$\partial(\Psi \times \eta_R)/\partial p_s(t_s) = 0 \text{ 或者 } \partial(\xi \times Ha)/\partial p_s(t_s) = 0 \quad (4.4)$$

4.3.2 压力对循环质量指标的影响

首先,压力对循环质量参数 Ψ 和 ξ 的影响应予以研究。因此,锅炉产汽量可以根据式(4.2)或者下式计算:

$$\xi \approx (t_{g_0} - (t_s + x_1)) \times \overline{c_g} \times \eta_{al}/(h_{st} - h_e') = (t_{g_0} - (t_s + x_1)) \times \overline{c_g} \times \eta_{al}/(\Delta h_{st} + \Delta h_s)$$

(4.5)

所谓的窄点温度 x_1 是蒸发器受热面的测量值,在极限尺寸上这个温度差趋于 0,即 $\lim\limits_{z_1 \to \infty} x_1 = 0$ 。因此,在第一次估算中,产汽量直接取决于饱和温度(或者压力 p_s)变化 $\partial \xi/\partial p_s(t_s) < 0$ (参见图 4.25)。与此同时,在实际条件下

77

该值永远是正的,即 $x_1 > 0$。当蒸汽压力升高时,会导致锅炉产汽量的减小,使得窄点温度下降如下,即 $\partial x_1 / \partial \xi > 0$。因此,可以得到 $\partial x_1 / \partial p_s(t_s) < 0$,$\partial^2 x_1 / \partial p_s^2 (t_s^2) > 0$(参见图 4.26)。这样的二次影响会减小压力 p_s 和 t_s 对产汽率的影响,即 ξ 的减小会因传热效率增加而减缓。此外,由于过热器利用烟气热量的小幅减小(参见图 4.27) $Q_2 = \xi \times \Delta h_{st} / (\overline{c_g} \times \eta_{al}) \Rightarrow Q_2 \sim \xi$,会将部分蒸发器工作区域偏移进更高温度的区域,通过传热效率的轻微增加,即可以确保 x_1 平均值的减小。

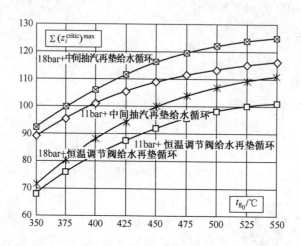

图 4.24 动力装置整体热力学效率达到最高时,余热锅炉最大允许总换热面积与带有锅炉给水再热循环或中间抽气装置的余热利用系统进气温度的关系

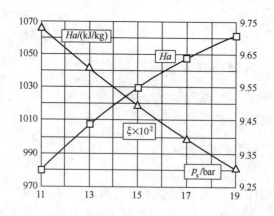

图 4.25 蒸汽压力对余热锅炉产汽量和等熵焓降的影响

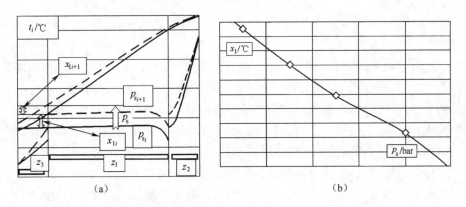

图 4.26　锅炉换热面积与温度分布及温度与蒸汽压力的关系

(a)不同蒸汽压力下,温度随锅炉换热面变化图;(b)窄点温度与蒸汽压力的关系。

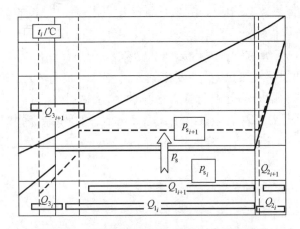

图 4.27　不同蒸汽压力下,温度与热量关系图

因此减小压力对余热锅炉产汽量的影响如下式：$\partial \xi / \partial x_1 < 0$。此外,随着压力升高,每千克蒸汽要求的蒸发器和过热器热焓 $\Delta h'_s$ 和 Δh_{st} 有降低的趋势,因此再放大相反值,仍然有二次效应 $\xi = f(p_s)$（参见图 4.25）。不考虑产汽量 ξ 是烟气冷却速率 Ψ 的导数值的事实,本文将研究 ξ 的机理以及其与饱和蒸汽压力变化的关系。由式(4.1)可知,在特定条件下,只有锅炉出口烟气温度 $t_{g_{exh}}$ 影响烟气冷却率 Ψ。温度 $t_{g_{exh}}$ 主要由蒸发器出口烟温 $t_{g_s} = (t_s + x_1)$ 以及省煤器利用烟气热量决定。如果对第一次值 t_{g_s} 的函数关系已经建立,即 $\partial t_{g_s} / \partial p_s (t_s) > 0$,余热锅炉尾部受热面的可利用热量可以根据式(4.6)求得：

$$Q_3 = (\xi \times \Delta h'_e) / (\overline{c_g} \times \eta_{al}) \qquad (4.6)$$

根据安全和维修经验,接近点温度 x_3 应该保持在一定的级别并且不小于15℃；因此省煤器中用来加热给水到规定温度 $t_e = t_s - x_3$ 所需要的焓值 Δh_e^{I} 可以根据下式得到：

$$\Delta h'_e = (1 + k_{rec}) \times (h'_e - h'_{fw}) \approx (1 + k_{rec}) \times \overline{c_w} \times (t_e - t_{fw})$$

$$= (1 + k_{rec}) \times \overline{c_w} \times (t_s - x_3 - t_{fw}) \tag{4.7}$$

此外,焓值 $\Delta h'_e$ 可以被分为两个相反的变量,第一个是完全取决于再循环系数的 $1 + k_{rec}$ 一部分,可以由下式计算: $k_{rec} = (h'_s - h'_{fwp})/x(h'_s - h'_{fw})$;理论上,当饱和蒸汽停用时,在温控阀之前的焓值将会等于冷凝器中的焓值,即 $h'_{fwp} = h'_x$ 以及 $k_{rec} = (h'_s - h'_x)/(h'_s - h'_{fw})$ 。饱和蒸汽特性提高值 $\partial h'_s/\partial p_s > 0$ 需要特定的给水量来达到相同的给水温度,将降低 $\partial k_{rec}/\partial p_s < 0$ 。

给水温度固定 t_{fw} 为常数时,另一个变量 $(t_e - t_{fw})$ 是由省煤器出口的给水温度 t_e 提前确定的,此温差 $t_e = t_s - x_3$ 。两个值都有增长的趋势,但是增长的程度不同,即 $\partial t_s/\partial p_s > \partial x_3/\partial p_s > 0$,因此,将导致值 t_e 以及 $(t_e - t_{fw})$ 的增加。同时,通过产汽量的减小以及省煤器部分工作区域的扩大,温度变得较高(参见图4.27),将导致传热效率的小幅增加,保证接近点温度 x_3 增长的影响被减小。基于以上研究,可以得出 $\partial(1 + k_{rec})/\partial p_s < 0$, $\partial(t_e + t_{fw})/\partial p_s < 0$ 。因此给水加热需要的热焓可以计算如下: $\partial h'_e/\partial p_s > 0$, $\partial^2 h'_e/\partial(p_s)^2 < 0$ 。尽管锅炉产汽量的减小,省煤器利用烟气热量 Q_3 主要由焓 h'_e 决定,关系为 $\partial Q_3/\partial p_s > 0$ (参见图4.27)。蒸汽压力的升高导致通过蒸发器 Q_1 和过热器 Q_2 可以利用烟气热量的降低,然而,省煤器中 Q_3 有轻微的增长趋势。尽管如此,余热锅炉利用的总烟气热量 $Q_i^\Sigma = Q_1 + Q_2 + Q_3$ 有下降的趋势,即 $\partial Q_i^\Sigma/\partial p_s < 0$ 。联立式(4.2)和式4.5,烟气出口温度为

$$t_{gexh} = t_{g0} - [t_{g0} - (t_s + x_1)] \times (1 + k_e) = (1 - k_e) \times (t_s + x_1) - k_e \times t_{g0} \tag{4.8}$$

式中: $k_e = \dfrac{\Delta h'_e}{\Delta h_{st} + \Delta h_s}$,因子 k_e 是省煤器中烟气焓降与蒸发器以及过热器中烟气焓降的比值。基于获得的函数关系,压力对烟气冷却速率的直接和主要的影响很明显,即排烟温度 t_{gexh} (参见图4.28)以及 $\partial t_{gexh}/\partial p_s(t_s) > 0$ 。与此同时,二阶或者反作用减慢了改变速率。首先是由于窄点温度减小(参见图4.26(b))。另一个原因是因子 k_e 有随着压力增高的增长趋势,即 $\partial k_e/\partial p_s > 0$,因此进一步减小了压力的不利影响。最终,函数依赖关系 $t_{gexh} = f(p_s)$ 的二阶导数 $\partial^2 t_{gexh}/\partial p_s^2(t_s^2) < 0$ (参见图4.28),因此预先决定的冷却速率指数为 $\partial\Psi(\xi)/\partial p_s(t_s) < 0$ 以及 $\partial^2\Psi(\xi)/\partial p_s^2(t_s^2) > 0$ 。

4.3.3 压力对汽轮机循环效率的影响

同时,另一个HRC效率的指数,即汽轮机循环效率 η_R ,由于绝热焓差 Ha 的增长, η_R 会增长[9,106,111], $\partial\eta_R/\partial p_s(t_s) > 0$ 。这种增长关系主要取决于以下

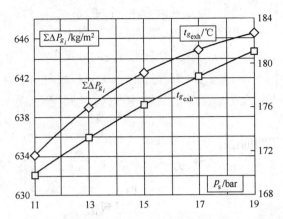

图 4.28 蒸汽压力对气体冷却率和锅炉烟风阻力的影响

的压力改变：$\partial Ha/\partial p_s(t_s) > 0$，$\partial^2 Ha/\partial p_s^2(t_s^2) < 0$（参见图 4.25）。此外，产汽量下降以及过热蒸汽温度的轻微下降也会导致焓值 Ha 的增加。这两种影响都对涡轮内部效率 η_{i_T} 有小幅增长的正效应，即 $\partial \eta_{i_T}/\partial p_s > 0$，这也会影响最终循环效率。然而，在较高压力以及减小产汽量情况下会导致在高压涡轮损失的增加，从而减小热效率。同样随着压力的增加，汽轮机受到进口蒸汽干度下降的影响，导致效率降低，磨损增加，对汽轮机运行平衡性和寿命产生不利影响。

当全面研究每个效率成分 $\Psi(\xi)$ 和 $\eta_R(Ha)$ 的本质之后便可以得出，它们的乘积 $\eta_R \times \Psi(Ha \times \xi x)$ 与饱和压力 p_s 变化相反（参见图 4.25）的影响。因此，进一步的研究仅仅推荐考虑值 Π，实际上它代表的是汽轮机的输出功率。Π 是以上研究的指数的乘积 $\Pi = \eta_e \times Ha \times \xi$ 或者 $\Psi \times \eta_R$。总结相互影响的最后效果，可得函数关系式 $\Pi = f(p_s)$，在初始阶段随着压力的升高有增长的趋势，即 $\partial \Pi/\partial p_s(t_s) > 0$，$\partial^2 \Pi/\partial p_s^2(t_s^2) < 0$（参见图 4.30）。在某个蒸汽压力级 $p_{s_0}^{opt}$ 时，由于等熵效率增加的正效应由产汽量减小全部抵消，即 $\partial \xi/\partial p_s(t_s) + \partial Ha/\partial p_s(t_s) = 0$；因此可以达到最高汽轮机的输出功率，即 $\Pi = \Pi^{max}$ 且 $\partial \Pi/\partial p_s(t_s) = 0$。蒸汽压力 p_s 进一步的增长会导致效率的明显降低，即 $\partial \Pi/\partial p_s)t_s < 0$，$\partial \Pi/\partial p_s^2(t_s^2) < 0$。因此，余热利用系统的优化可以看作是在特定的蒸汽压力 $p_{s_0}^{opt}$、固定的锅炉高度（受热面数量）、热力因素以及其他输入的因数（如 $\sum_{i=1}^{n} \Sigma z_i, t_{g_0}, t_{fw}$ 为常数）下达到最高的汽轮机输出功率（参见图 4.30）。

与此同时，锅炉的存在会导致排烟产生背压 $\Sigma \Delta P_{gi}$ 进而对主机（燃气轮机）性能产生不利影响。烟气阻力直接取决于烟气速度，进而受每个相应的受热面上的平均温度影响。同时，相关压力 $p_s(t_s)$ 增长直接影响了出口以及平均烟气温度还有余热锅炉烟气阻力（参见图 4.28）。因此，在主机中当量的功率损失的函数关系 $\Delta He_g = f(\Sigma \Delta P_{gi})$（参见图 4.30）的变化率为 $\partial \Delta He_g/\partial p_s(t_s) < 0$，

$\partial^2 \Delta He_g / \partial p_s^2(t_s^2) \approx 0$。最后，两效率值 Π 和 He_g 的总数 Π_0 代表由整个动力系统产生的输出净增长率，即 $\Pi_0 = \Pi = He_g$。因此可以得出另一个对应最高 Π_0 值的相应优化蒸汽压力值 p_s^{opt} 的大小。考虑到不同的效率参数 Π 和 He_g 的变化率，即 $\partial^2 \Delta He_g / \partial p_s^2(t_s^2) \approx 0$ 以及 $\partial^2 = \Pi / \partial p_s^2(t_s^2) < 0$，可以发现，在最佳压力 p_{s0}^{opt} 时可以达到效率净值 Π_0 的最大值，但它比第一个值 p_{s0}^{opt} 低(参见图 4.30)。

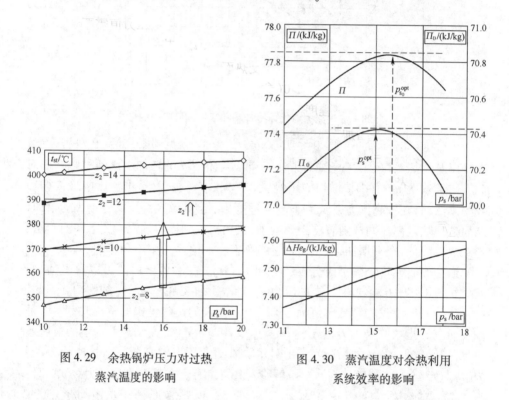

图 4.29 余热锅炉压力对过热
蒸汽温度的影响

图 4.30 蒸汽温度对余热利用
系统效率的影响

4.3.4 受热面增长的效应

本书将研究锅炉受热面的增加如何影响最优蒸汽压力的选择。为了简化，本书将锅炉看做仅仅由一个蒸发器构成，因此基于式(4.1a)的修改可以计算利用率：

$$\Psi = (t_{g0} - t_{g\,exh})/(t_{g0} - t_a) = (t_{g0} - (t_s + x_1))/(t_{g0} - t_a) \qquad (4.1b)$$

当蒸汽压力确定时，窄点温度只随着锅炉受热面指数 $\partial x_1 / \partial z_1 < 0$ 以及 $\partial^2 x_1 / \partial z_1^2 > 0$ 的变化而变化。因此，利用率导数 $\partial \Psi / \partial z_1 (\Sigma z_i) > 0$，二阶导数 $\partial^2 \Psi / \partial z_1^2 ((\Sigma z_1)^2) < 0$，在压力不变情况下蒸汽循环效率不会出现显著的改变。随着余热锅炉受热面的增大，$\sum_{i=1}^{n} z_i^k(z_1^k) + \Delta z_i^k = \sum_{i=1}^{n} z_i^{k+1}(z_1^{k+1})$，甚至可以在温度

t_{exh}^{k+1} 时确保更高的烟气冷却率(参见图4.31)。在闭合的蒸汽循环区域 $4 \to 4'' \to 3' \to 3 \to 4(\Delta\xi_k \approx \Delta T_k \times \Delta S_k)$ 产生可用热量更多,锅炉产汽量相应地增加。然而,当蒸汽压力 p_s^k 增长到某个程度(直到 p_s^{k+1})时,从 $a \to 4'' \to 1' \to 1 \to 4 \to a$ 得到的经济性超过闭合在区域 $a \to 4' \to 3' \to 3'' \to a$ 中的损失,直到满足条件 $(\partial\eta_R/\partial p_s)_{\Sigma z_i^{k+1}} + (\partial\Psi/\partial p_s)_{\Sigma z_i^{k+1}} \geqslant 0$ 或者 $(\partial(\xi \times Ha)/\partial p_s)_{\Sigma z_i^{k+1}} \geqslant 0$。另外,增加锅炉产汽量影响汽轮机的工作效率,特别是高压级的工作效率。另一方面,压力与受热面的增长导致锅炉烟气阻力的相应变化,因此优化压力值需要进行适当的修正。然而,由于更高的烟气冷却率 $t_{gexh}^{(k+1)opt} < t_{gexh}^t$ 其平均速度的降低导致了余热锅炉烟气阻力的减小。因此,随着受热面的增加,可以确保得到优化蒸汽压力 p_s^{opt} 的增加,即 $\partial p_s^{opt}/\partial z_1(\Sigma z_i) > 0$(参见图4.32)。同时,由于蒸发器出口烟气温度 $t_{g_s} = t_s + x_1$ 的温度很大程度上决定了所能达到的最大蒸汽压力,更高的烟气冷却率会限制 p_s^{opt} 的增加趋势,因此考虑式(4.8)可以发现

$$t_s = t_{g_0} \times (k_e^{-1} - 1)^{-1} + t_{gexh} \times (1 - k_e)^{-1} - x_1 \qquad (4.9)$$

式(4.9)直接表示了蒸汽压力与进出口烟气温度的关系。

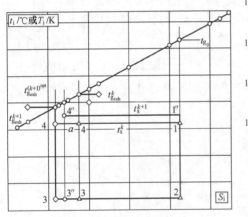

图4.31 余热锅炉受热面增长对最优蒸汽压力选择的影响

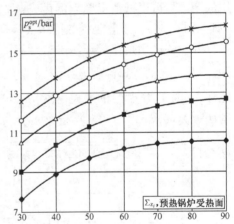

图4.32 不同进气温度下,余热锅炉受热面对最优蒸汽压力选择的影响

如果受热面是无限大的,则窄点温度接近于0,即 $\lim\limits_{z_1 \to \infty} x_1 = 0$,因此式(4.9)可以反映理论极限压力 p_s^{max} 的变化,即 $\partial p_s^{max}(t_s^{max})/\partial t_{gexh} < 0$, $\partial^2 p_s^{max}(t_s^{max})/\partial(t_{gexh})^2 < 0$。在某种程度上,出口烟气温度取决于受热面大小,实际上,锅炉压力大小 p_s^{opt} 趋于达到相关的极限值 $p_s^{max}(t_s^{max}) = f(t_{gexh})$(参见图4.33)。而最高烟气冷却速率 t_{gexh} 会受到环境条件以及锅炉出口给水温度的限制,这一现象预先决定了极限蒸汽压力趋于如式(4.9)所示的某一最低理论值。另外,这一先决条件预先决定了最优压力变化的上限,随着受热管数量的增

加,最优压力趋于可能的最大常数值 $\lim\limits_{\sum z_i \to \infty} p_s^{opt} = p_s^{optMAX}$,并且,二次函数关系 $p_s^{opt} = f(\sum z_i) = \partial^2 p_s^{opt}/\partial(\sum z_i)^2(z_1) < 0$。

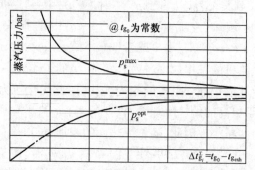

图 4.33　余热锅炉换热面对优化和目标蒸汽压力的影响

4.3.5　进口烟气温度因素

通过主机型号选择或者负荷调节增加进口温度 t_{g_0},与最初方案相比,多利用的余热量可以抵消由窄点温度升高造成的由蒸发器尺寸决定的可忽略损失(参见图 4.34)。不管是受热面增大还是温度升高,都会从烟气中吸收更多的热量。唯一的区别是在最开始出口烟温 t_{g_0} 增加和结果尺寸($\sum z_i(z_1)$)增加的差别,因此更高的进口温度 $t_{g_0} > t_{g_0}^j$ 下(参见图 4.34),是确保蒸汽压力增加的条件。此外,上限 $p_s^{max}(t_s^{max})$ 的增大,有利于蒸汽压力的提高。通过总结以上推导出来的函数关系,即 $p_s^{opt} = f(t_{g_0})$,指数 $\partial p_s^{opt}/\partial t_{g_0}$;$\partial^2 p_s^{opt}/\partial(t_{g_0})^2 < 0$(参见图 4.35)。

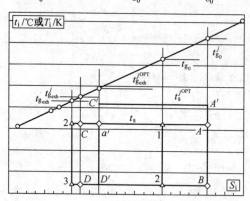

图 4.34　进气温度对最优蒸汽压力选择的影响

4.3.6　耦合效应

关于联合循环蒸汽压力以及蒸发器对余热利用系统效率参数的影响,前面已经研究过了,本节要接着讨论其影响。本节的结论将会建立在蒸发器和省煤

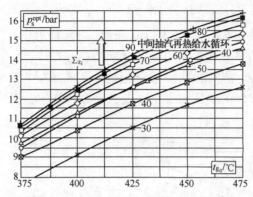

图 4.35 进气温度对确定优化蒸汽压力的影响

器的主要相互关系上,省略过热器的效应。蒸汽压力的增长几乎直接影响接近点温度 x_3 的变化率 $\partial x_3/\partial p_s>0$(参见图 4.36(a)),也受省煤器以及蒸发器大小的影响(参见图 4.36(b))。如前文所述,光管锅炉受热面,省煤器的增长会给效率增长带来最有利的效应,即 $\partial \Pi_0/\partial z_3>\partial \Pi_0/\partial z_1(z_2)$,只是受到最低蒸汽压力 p_s^{min} 的安全因素 $x_3 \geq 15℃$ 限制。因此随着压力 Δp_s 增加,会导致省煤器受热面可以在接近点温度不变的情况下进一步扩大(参见图 4.37(a)),即 $\partial z_3/\partial p_s>0|_{x_3=const}$。因此在新的增长后的压力 p_s^j,受热面的增加可以等于值 $\overline{\Delta z_3}$ 或者 $\overline{\overline{\Delta z_3}}$(参见图 4.37(b))。与此同时,蒸发器以及省煤器大小有直接的关系(参见图 4.38(a)),第一个受热面的增加会导致另一个受热面的相应变化,即保持蒸发器 z_1 和省煤器 z_3 的受热面之和为常数。省煤器受热面的增长量 $\overline{\Delta z_3}$ (=0.0746963)可以由蒸发器受热面适合减少补偿,即 $\overline{z_1}-\overline{\Delta z_3}=z_1^{j-1}$,接近点温度固定时,有 $\overline{z_3}+\overline{\Delta z_3}=z_3^{j-1}\Rightarrow-\delta\overline{\Delta z_3}\Rightarrow z_i^{j-1}$。基于以上所述的相互影响,对应新条件下需求的省煤器尺寸,有 $z_1^{j-1}=\overline{z_1}-\overline{\Delta z_3}$,$x_3$ 为常数以及 $p_s^j=p_s+\Delta p_s$,应该减少 $\delta\overline{\Delta z_3}=$ 0.0313472($<\overline{\Delta z_3}$)(参见图 4.38(b))。因此,总余热锅炉尺寸可以相应地略微比初始接受值小,当 $x_3 \geq 15℃$ 时,$((\overline{z_3}+\overline{\Delta z_3})-\delta\overline{\Delta z_3}<z_1+\overline{z_3}$(参见图 4.38(b))。因此,有多余的可利用受热面 $\delta\overline{\Delta z_3}$。基于以上结论,引入另一个函数关系式,$p_s=f$ $(\overline{z_1}+\overline{z_3})$,$\overline{z_{1_j}}$ 为定值,x_3 恒为 15℃,称为等蒸发器受热面线,该线从另一方面可以表现出这些相互关系的机制(参见图 4.39(b))。断线 a_0 对应最初蒸发器受热面 $\overline{z_{l_0}}=4.074$,在点 1 对应的是确定的总受热面 $(\overline{z_1}+\overline{z_3})_0=5.402\,78$,$p_s=13bar$,$x_3$ 恒为 15℃。为了在 $\overline{z_{1_1}}$ 为定值,x_3 恒为 15℃ 时,从点 1 到点 2 增加压力 Δp_s,省煤器应该增大 $\overline{\Delta z_3}$,但是为了满足 $(z_1+\overline{z_3})_i$ 为定值,蒸发器受热面也应该减少相同的值,即在另一条等蒸发线 a_1 上从点 2 到点 3,对应 $\overline{z_{l_i}}=3.968$ 以及更高的

压力 $p_{s_1}=p_{s_0}+\Delta p_s$。与此同时,为了保持安全系数不变,即 x_3 为定值,省煤器受热面也应该相应减小 $\delta\overline{\Delta z_3}$。但是,为了满足 $(\overline{z_1}+\overline{z_3})_i$ 为定值以及 x_3 恒为 $15\,^\circ\!\mathrm{C}$,省煤器受热面和蒸汽压力可上升至等蒸发器线 a_1 的点 4(参见图 4.39(b))。实际上,部分蒸发器受热面的增大会使得这些受热面的变化更加复杂。最后,由于蒸汽压力增高导致的余热,锅炉相关受热面影响的算法如下。

(1)前提条件 $x_3\geqslant15\,^\circ\!\mathrm{C}$,$\overline{z_1}+\overline{z_3}$ 恒定,过热器效应不显著可以忽略。

(2)由于饱和蒸汽压力 p_s 增大,使得 Δz_3 增大,因此,$(z_3+\Delta z_3)+z_1>z_3+z_1>z_3+z_1$,在曲线 a_0 直到 2 点(参见图 4.39(b))。

(3)在新的 $(z_1-\Delta z_3)+(z_3+\Delta z_3)$ 时,由于 x_3 降低,Δz_3 随之减小,$\overline{z_1}+\overline{z_3}$ 为定值,因此 $\overline{z_1}$ 应该减小。

(4)通过 $\delta\Delta z_3$ 维持 x_3 不变,$(z_3+\Delta z_3)$ 减小,但是 $((\overline{z_3+\Delta z_3})-\delta\overline{\Delta z_3})+(\overline{z_1}-\overline{\Delta z_3})=z_i^{j-1}+z_1^j<\overline{z_1}+\overline{z_3}$。

(5)因此在新的 $\overline{z_1}=(\overline{z_1}-\overline{\Delta z_3})$ 条件下,省煤器可以扩大 $\overline{z_{3_i}^{j-1}}+\delta\overline{\Delta z_3}$,从而保证 $\overline{z_3}+\overline{z_1}$ 不变,通过 $\delta\Delta p_s$ 来观察 x_3 不变,导致 $(p_s+\Delta p_s)$ 上升。

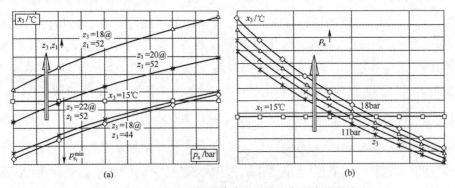

图 4.36　压力和省煤器换热面对接近点温度的影响

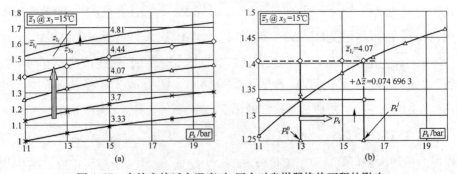

图 4.37　在给定接近点温度时,压力对省煤器换热面积的影响

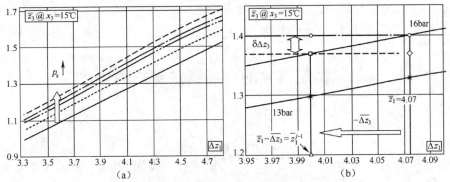

图 4.38　在 x_3 为常数时,蒸发器与省煤器换热特性

(a) p_s 变化时,蒸发器对省煤器换热面的影响;

(b) 蒸发器和省煤器换热面尺寸的相互影响。

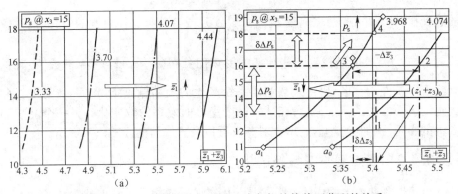

图 4.39　在 x_3 为常数时,蒸汽压力与锅炉换热面分配的关系

(a) 蒸汽压力与锅炉换热面积大小的关系;(b) z_1+z_3 为常数时,蒸汽压力的变化。

　　如此复杂的相互干扰的本质是什么? 如上所述,压力增长直接影响蒸汽循环质量指数 Ha 的增长,而利用率以及产汽量 ξ 下降。尽管可以通过降低蒸发潜热 r_s 来减缓压力增加速度。通过这样的余热锅炉受热面的重新分配,由于蒸发受热面中的省煤器部分($k_{rec} \times c_w^- \times x_3$)的减少,蒸发受热面的总热量 $h_s = r_s + k_{rec} \times c_w^- \times x_3$ 减少得更多,加热给水的循环水量也减少,即 $k_{rec} = (h'_{fw} - h'_{fwp})/(h'_s(\uparrow) - h'_{fw})$。

4.3.7　结论

(1) 为了达到余热利用系统的最高效率,蒸汽压力值需要尽可能优化,但会对冷却率 Ψ 以及朗肯循环的效率 η_R 产生不利影响。

(2) 可以找到两个有利的蒸汽压力值,第一个值 $p_{s_0}^{opt}$ 对应最高汽轮机输出功率。

(3) 第二个值 p_s^{opt} 的选择十分重要,它可以得到最高的整体动力装置效率。

(4) $p_{s_0}^{opt}$, p_s^{opt} 直接取决于余热锅炉受热面 $\sum\limits_{i=1} z_i$ 的增加以及锅炉进口烟气温

度 t_{g_0} 的增加,但是增加的速率不同(参见图 4.32 和图 4.36)。

(5) 随着压力增加,省煤器部分变得更加复杂。

4.4 固定尺寸的余热锅炉受热面优化

4.4.1 引言

得出固定尺寸余热锅炉受热面的优化蒸汽压力 $p_{s_0}^{opt}$ 和 p_s^{opt} 其高度为 $\sum H_i$ $= \sum_{i=1}^{n=3} \Delta H_i + \Delta Hx$。精确的余热利用系统效率指数优化就可以通过所有锅炉组成部分的相互关系实现,锅炉受热面包括蒸发器、省煤器以及过热器。对于实际的热交换,即管束,受热面高度 $H_i^{\Sigma z} = \sum_{i=1}^{n=3} \Delta H_i$ 或者其具有代表性的值,即加热管束的总数 $\sum_{i=1}^{n=3} z_i$,可以找到一些独特的受热面分布 $(z_2+z_1+z_3)^{opt} = $ 常数,在确保维修安全条件后,可以得到余热利用系统产生的最高输出 Π 和 Π_0。为了找到优化受热面的关系,有必要研究其中一个受热面效率指数变化对另一个受热面产生的影响,例如,过热器的增大对蒸发器以及省煤器的影响。

4.4.2 省煤器与蒸发器的相互影响

过热器受热面 z_2 为定值,蒸发器以及省煤器的相关尺寸变化为 $(z_1 \mp \Delta z_i) + (z_3 \pm z_i)$ 为常数。在 p_s 为定值时,通过省煤器受热面增大 $\Delta z_3^{1\to3}$,$z_3^{1\to3} = z_{3_0} + \Delta z_3^{1\to3}$,而蒸发器受热面 $z_1^{1\to3} = z_{1_0} - \Delta z_1^{1\to3}$ 减小(参见图 4.40),窄点温度 x_1 有增长趋势,因此对产汽量有不利影响(见式(4.5))。与此同时,省煤器部分热焓 Δh_s 减小,窄点温度加速减小,导致了余热锅炉产汽量增长率 $\partial \xi / \partial \Delta z_3^{1\to3} > 0$。因此,可以得到更高的烟气冷却速率,而蒸汽过热度 t_{st} 也有轻微的减小。同时,为了保证 $x_3 \geq 15℃$,有必要提高蒸汽压力 $p_s(t_s)$ 直到饱和温度增长 Δt_s 等于接近点温度 $-\Delta x_3^{1\to3}$,即第一次估算时 $|\pm \Delta x_3^{1\to3}| \approx |\mp \Delta t_s|$。但是在式(4.5)中,余热锅炉-产汽量有下降的趋势,因此为了维持锅炉安全,即 $x_3 \geq 15℃$(参见图 4.39、图 4.40 和第 4.3 节),需要进一步增加压力。由于产汽量对值 x_3 的有利影响,窄点温度的减小 $\partial x_1 / \partial p_s < 0$ 以及产生饱和蒸汽需要的焓减少与需要的蒸汽压力增长相抵消。因此,在本文的研究范围内,基于所有的矛盾因素的总结,可以发现相关锅炉产汽量的改变在 $\Delta z_3^{1\to3} = 1$ 并且 x_3 为定值时,$\delta \xi$ 降低 $1.3\% \sim 1.6\%$。由于这些变化,余热锅炉出口的排烟温度有增长的趋势,因此,利用率 Ψ 降低。蒸汽产量减小,即 $\partial \xi / \partial \Delta z_3^{1\to3} < 0|_{x_3 = 常数}$,导致蒸汽过热度的轻微增长 t_{st}(参见图 4.40)。随着压力的增长,循环质量指数的显著增加,例如等熵熔差 Ha 增加,在

本文研究的范围内,在 $\Delta z_3^{1\rightarrow3}=1$ 并且 x_3 为定值时,δHa 会降低 2.3% ~ 2.9%。汽轮机内部效率指数 η_{ST} 的变化是相反的,更高的蒸汽压力导致产汽量减少,高压级的末端损失增加。然而,蒸汽质量指数的改变使得内部效率 η_{ST} 增长。同时,蒸汽干度下降将会对汽轮机末级产生更多影响,对长期运行安全性不利。这是因为压力改变不足以提供足够的过热度。平均烟气温度增高,锅炉的烟气阻力有增长趋势,从而减小了主机输出功率。因此,受热面的调整可以确保蒸汽循环具有更高效率,最终抵消质量指数的下降。

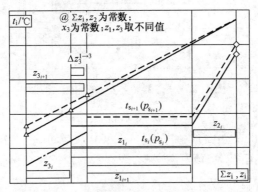

图 4.40　省煤器与蒸发器的相互影响

4.4.3　过热器与蒸发器的相互影响

在 z_3 为定值的条件下,受热面分布可以通过 $(z_1\pm\Delta z_i)+(z_2\mp\Delta z_i)$ 为常数来满足。在 p_s 恒定的条件下,任何以过热器受热面 $\Delta z_1^{2\rightarrow1}$(参见图 4.41)为代价的蒸发器受热面的增加将导致锅炉产汽量 ξ 增加以及烟气冷却速率 Ψ 增加,而 $t_{g_{exh}}$ 降低,从而导致锅炉烟气阻力 $\sum\Delta P_{gi}$ 的一些轻微下降。给水量的增加以及省煤器在低烟气温度区域 $\partial \overline{t_{g3}}/\partial \Delta z_1^{2\rightarrow1}<0$ 运行导致了接近点温度 x_3 增长,蒸汽产量的增长也减缓。更小的过热器受热面与增加的蒸汽质量指数的共同影响,导致循环质量指数的显著减小,即 t_{st} 和 Ha 下降。为了达到 x_3 恒定的条件,仍有必要减小蒸汽压力(参见图 4.41),因此会导致值 ξ 增加(见式(4.5)),尽管蒸汽的焓值也会有增加。同时,由于换热效率降低,窄点温度有轻微的增长趋势,因而导致了产汽量增长的减缓,相比主要的原因,如 z_1 增加和 p_s 下降其影响并不显著。这些改变可以确保更高的烟气冷却速率,并使平均烟气温度 $\overline{t_{gi}}$ 减小,导致锅炉烟气阻力 $\sum\Delta P_{gi}$ 减小。另外,过热蒸汽温度 t_{st} 降低(由 ξ 增加导致)和由此导致的等熵膨胀功 Ha 显著降低都使得循环质量指数降低得更多。尽管压力减小,排放蒸汽的干度仍然在下降,同时汽轮机内部效率 η_{ST} 下降。

4.4.4　过热器与省煤器的相互影响

当蒸发器受热面 z_1 不变时,可以按照以下式子来改变其他两个部分的受热

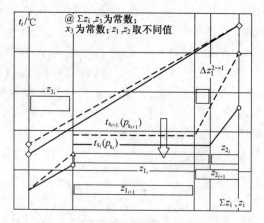

图 4.41　过热器和蒸发器的相互影响

面$(z_3 \pm \Delta z_i) + (z_2 \mp \Delta z_i)$不变。在初始条件$p_s$不变的情况下，省煤器的增大$\Delta z_3^{2 \to 3}$是以过热器的受热面减小为代价(参见图 4.42)，这导致值x_3的降低，因此通过省煤器受热面扩大，蒸发焓减少，产汽量的增长。在接受的条件下，$\Delta h_s = \overline{r_s + (1+k_{rec}) \times c_w \times x_3}$降低或者$\Delta h_s = f(x_3)$，最终$\partial(\Delta h_s)/\partial \Delta z_3^{2 \to 3} < 0$。它对蒸汽循环质量指数的增长有积极的影响，$t_{st}$，$Ha$下降。同时，在$x_3$不变时，有必要增加初始选择的蒸汽压力$p_s + \Delta p_s = p_{s_{i+1}}$(参见图 4.42)，由于蒸发需要的热量减少，导致初始输出变化较小。由于相关压力变化的影响，尽管蒸汽过热度减小，绝热热差仍然增加$\partial Ha/\partial \Delta z_3^{2 \to 3} > 0|_{x_3 = const}$，最终导致了蒸汽干度的减小。尽管省煤器的受热面增大，烟气冷却速率仍然略有减小，蒸汽压力中的变化为

$$t_{g_{exh}} = t_{g_0} - (t_{g_0} - (t_s(\uparrow) + x_1)) \times (1 + k_e) \tag{4.10}$$

式中：系数$k_e = \Delta h_e'/(\Delta h_{st} + \Delta h_s)$代表余热锅炉中省煤器的热容量。最后，值得注意的是锅炉烟气阻力有略微增加。

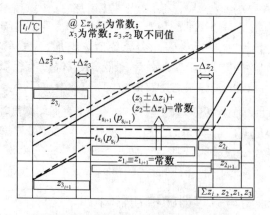

图 4.42　过热器和省煤器的相互影响

90

4.4.5 额外增加的受热面重新分布的优化方法

当具有额外的高度空间可用于安装锅炉时,加热管束的总数目可以如下增加 $\left(\sum_{i=1}^{n=3} z_i\right) + \Delta z_j = \left(\sum_{i=1}^{n=3} z_i\right)_{j+1}$。如上所述,省煤器尺寸应该首先增加,然而由于安全原因,z_3 的尺寸会受到限制。因此,x_3 恒大于 15℃ 时,初始蒸发器的 z_1 显著增大将导致 z_3 的增加如下 $(\partial z_3/\partial z_1)_{x_3=\text{const}}>0$(参见图 4.43)。任何可用管束数目 Δz_j 可以按照下式分配:$\Delta z_3^j = \Delta z_j \times \left(\left(\partial z_3/\partial z_1\right)_{x_3=\text{const}}^{-1}+1\right)^{-1}$。同时,如前对更加复杂的受热面的研究,优化的蒸汽压力更高;t_s 和 ξ 值增加的影响决定了省煤器受热面增加以锅炉其他部分受热面的缩小为代价。尽管比等熵膨胀功 Ha 增加,蒸汽过热度以及汽轮机末级排出蒸汽的干度都在下降。因此,通过受热面之间的绝对比值关系 $z_1^k : z_2^k : z_3^k$,当达到条件 $\partial\Pi_0/\partial z_2>\text{max}$ 以及 $\partial\Pi_0/\partial z_2>\partial\Pi_0/\partial z_1(z_3)$,扩大过热器尺寸是显而易见。理论上,为了达到最优化的分布,所有的受热面应该同步变化(参见图 4.44(a)和图 4.44(b))。然而,在实际中,它们的扩大如表 4.1 所列,蒸发器 4 根管,其他受热面 2 根管。

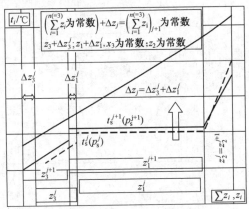

图 4.43 受热面增大的影响

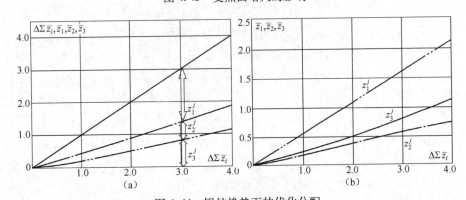

图 4.44 锅炉换热面的优化分配

(a)锅炉换热面的优化分配;(b)锅炉换热面的优化分配。

91

表 4.1　对于加翅管锅炉的加热管束数量（规格为 KYII-3100）

t_{τ_0}	475℃			450℃			425℃			400℃			375℃		
Σz	z_1	z_2	z_3	z_1	z_2	z_3	z_1	z_2	z_3	z_1	z_2	z_3	z_1	z_2	z_3
70	40	14	16	40	14	16	40	14	16	44	10	16	44	10	16
68		12	16		12	16		12	16	40	12	16	40	14	14
66	36	14	16	36	14	16	36	14	16		10	16		10	16
64		12	16		12	16		12	16	36	14	14	36	14	14
62		10	16		10	16		10	16		12	14		12	14
60	32	12	16		10	14		10	14		10	14		10	14
58		10	16	32	12	16		8	14		8	14		8	14
56	28	14	14		10	14	32	10	14		8	14		8	12
54		12	14	28	12	14		10	2	32	10	12	32	10	12
52		10	14		10	14		8	12		8	12		10	12
50		10	12		10	12		8	10		8	12		8	10
48	24	12	12	24	12	12	28	10	10	28	10	10	28	10	10
46		10	12		10	12		8	10		8	10		8	10
44		10	10		10	10	24	10	10		6	10		6	10
42		8	10		8	10		8	10	24	8	10		6	8
40	20	10	10	20	10	10		8	8		8	8	24	8	8
38		8	10		8	10	20	8	10		6	8		6	8
36		8	8		8	8		8	8	20	8	8		6	6
32		6	6		6	6		6	6		6	6	20	6	6

4.4.6　进口烟气温度的影响

进口烟气温度 t_{g_0} 的降低对锅炉产汽量以及接近点温度有直接影响。为了达到条件 x_3 为定值且 $x_3 \geqslant 15℃$，特别是相应的蒸汽压力下降，以其他受热面为代价的蒸发器受热面增大是显而易见的（参见图 4.45）。基于之前的研究发现，这样的变化对受热面优化影响最大的只有过热器受热面（参见图 4.46(a) 和图 4.46(b) 及表 4.1）。总之，整个受热面的增大/缩小在其他的研究中都有类似的结论。在图表 T-S 中的高温部分 $t_{g_0} > t_{g_{exh}}(=f(z_i))$，$\Sigma z_i$ 受到影响，这会使对整个锅炉以及余热利用系统指数的影响更加显著。另一方面，由于窄点温度 x_1 几乎是蒸发器受热面大小的一个测量值，因此进口烟气温度的增加会直接影响锅炉产汽量 ξ 的增长（见式(4.5)），然而也会被更高的平均值 x_1 减慢，即 $\partial x_1 / \partial t_{g_0}$ >0。由于产出蒸汽量以及要求过热度 t_{st} 的不适当关系，使得在 Π_0 式中的蒸汽指数在蒸汽压力增加时减小。因此受热面的重新分布将会伴随着以蒸发器为代价的过热器受热面的增加,而省煤器受热面增长不是很显著(参见图 4.46 (b))。在更大的锅炉受热面时,当烟气利用达到极限可能值,所谓的过热器因素会变得更不重要,然而,在研究范围内锅炉组成部分 z_2 的增长是明显的。

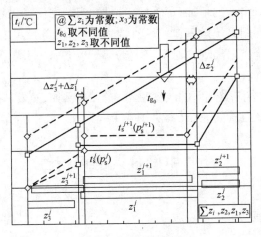

图 4.45 进气温度影响

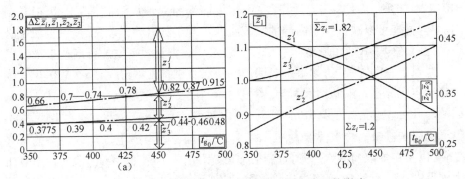

图 4.46 进气温度对于锅炉换热面优化分配的影响

4.4.7 结论

(1) 任何蒸发器受热面的扩大都以其他受热面为代价,这会引起余热利用质量参数的立即增加。同样,由于减小蒸汽压力以保持接近点温度不变,此时,循环质量指数有下降的趋势。

(2) 任何省煤器的扩大都会伴随饱和压力 p_s 的增加,从而减小了余热锅炉产汽量的增长。尽管过热温度下降,汽轮机等熵膨胀功也会增加,不过排出蒸汽中的干度下降会对汽轮机运行安全性产生不利影响。

(3) 省煤器与蒸发器的受热面传热的互相影响会导致更大的蒸汽压力变化,如对于加翅管锅炉在 x_3 为常数且大于 15℃ 时,每排变化 2.2~2.8bar。通过省煤器和过热器相互间的影响,它们压力的变化可以降到 1.5~1.8bar,但是如果是蒸发器和过热器,压力的变化为 0.5~0.9bar。

（4）随着余热锅炉高度的增加,所有的受热面都相应地变化,然而饱和蒸汽压力的增加,则主要考虑省煤器的变化（参见图 4.44）。

（5）随着进口温度的增加,尽管压力增加,锅炉产汽量仍然增加。因此为了达到最高的余热利用系统效率,蒸汽质量参数也应该增加,可以考虑有利于过热器的受热面重新分布来实现。对于较大的锅炉受热面,过热器因素变得不那么重要（参见图 4.46）。

（6）实际上,锅炉受热面的改变是不均匀的,例如,蒸发器 4 根管的大小,省煤器以及过热器 2 根管的大小（参见图 4.1）。

4.5　中间抽汽的可行性

4.5.1　引言

有中间抽汽的余热利用系统（参见图 4.47）,可以看作是有给水再循环的 HRC 替代方案,除了能提高效率,在汽轮机抽汽为锅炉水除氧是另一个很有利的优势,这样可以减少管子内部的氧气腐蚀。对于蒸汽动力装置,蒸汽抽取是必须的,在大约 8~10 个（最多）蒸汽抽取点,这样热力学效率增加可高达 13%。但是同时对于主动力装置,如果余热锅炉安装在主机排气烟道上,那么锅炉尺寸或者锅炉容积都不是限制性因素,在本书讨论的例子中,抽取点 1 看作是在相当低的额外升级改造情况下具有足够高的利用效率的点。抽取点坐标 Y_1 的选取不仅考虑锅炉进口的给水温度 $t_{fw}+(10℃)^{min}$,而且还要考虑主机运行负荷的最终变化,以及将抽取的蒸汽送到低潜热消耗装置中的可能性。因此,应使抽取点压力 $p_{st}^{extr} \geqslant 3.2 ~3.5bar$,这将决定除氧器运行以及给水预热器需要的蒸汽质量流量（参见图 4.47）,如式（3.36）所示（见第 3 章）。

4.5.2　锅炉尺寸固定

中间抽汽再热给水的朗肯循环的命名是利用循环中的热饱和蒸汽加热冷凝器中凝结的冷凝水,进而提高平均温度,使得热力学效率的提高。这种动力系统的布置可以通过部分在除氧阶段储存的蒸发/冷凝热 Q_ε 来减少冷凝器中的损失（参见图 4.48(a)）。因此抽汽得到的相关效率 $E_\varepsilon = (Q_T^{act} - Q_T^0)/Q_T^0$;而其绝对值,在冷凝器中没有被冷却的值 $Q_\varepsilon = (D_T^0 - D_x^{act}) \times \lambda_x$,其中 λ_x 在是一定压力下的冷凝或者蒸发需要的焓。基于这些主要的输入数据,将对同样锅炉受热面大小的循环蒸汽再生进行比较分析,即 $\sum z_i^{extr} = \sum z_i^{rec}$,以及 $x_3 \geqslant 15℃$ 且为常数。

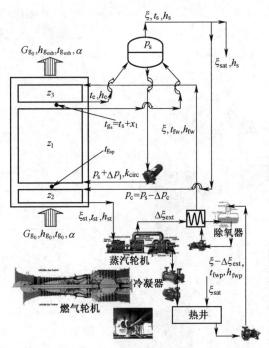

图 4.47　带有中间抽汽装置的余热利用系统

为了简化分析模型,由于以下因素对最后结果的影响微小,可以进行以下假设。

(1)饱和蒸汽消耗可以认为等于零,即 $\xi_{sat}=0$。

(2)内部效率以及机械效率因素都是不变的,并且其值与抽汽再热给水循环时的值相等。

因此汽轮机输出功率计算如下。

中间抽汽再热给水循环:$Ne_{ST}^{extr} = D_T^0 \times Hi \times \eta_{ST} = (D_T^{act} - \Delta D_T^{extr} \times (1 - \Psi)) \times Hi \times \eta_{ST}$;

恒温调节再热给水:$Ne_{ST}^{rec} = D_T^{rec} \times Hi \times \eta_{ST}$。

因此,汽轮机功率之间的关系 $\overline{N}$ 为

$$\overline{N} = Ne_{ST}^{extr} / Ne_{ST}^{rec} = (\xi^{extr}/\xi^{rec}) \times A^{extr} \tag{4.11}$$

式中:抽取因子 $A^{extr} = 1 - (h'_{fw} - h'_x)/(h_{st}^{extr} - h'_x) \times (1 - \Psi)$,代表由于流量减少引起汽轮机损失(参见图 4.48(b)),这样可以计算汽轮机中所有蒸汽质量流量。通过将平均值代入公式,可以得到功率的减少量范围为 5.5%~9.7%,即,$A^{extr} \approx 0.90~0.95$,但是锅炉产汽量会如何变化呢?首先,产汽率的关系为 $\overline{\xi} = \xi^{extr}/\xi^{rec} = 1$,因为同样的接近点温度、压力以及蒸发器大小,这些都是决定余热锅炉输出功率的主要因素。然而,通过再热给水循环的方式加热锅炉水导致给水在省煤器中的流速 k_{rec} 的增长,其增长可以达到 60%~130%,增长的幅度取决

于要求的给水温度和压力。为了维持 x_3 不变的条件,受热面应该重新分布,并且应该以蒸发器面积的减小为代价增大省煤器受热面(参见图 4.49)。在式(4.5)修改后,另一个决定锅炉产汽量的因子可以定义为

$$\xi = [t_{g0} - (t_s + x_1)] \times \overline{c_g} \times \eta_{al} / \Delta h_s \qquad (4.12)$$

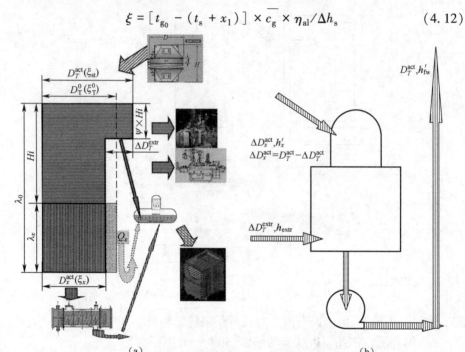

图 4.48　再热循环蒸汽热量分布及除氧器的热量分布图
(a)再热循环的蒸汽热量分布图;(b)除氧器的热量分布图。

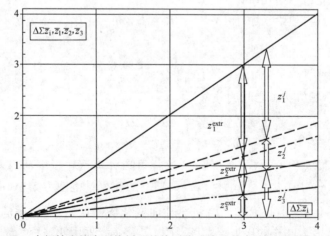

图 4.49　中间抽汽给水再热循环的热回收系统最佳余热锅炉受热面分配

首先,对于蒸汽所需熔值 Δh_s,显然有中间抽汽的循环需要的熔值 $\Delta h_s^{ext} = h_s$

$-h'_e$ 比恒温调节阀再热循环需要的焓值 $\Delta h_s^{rec} = h_s - h'_e + k_{rec} \times \overline{c_w} \times x_3 = \Delta h_s^{extr} + k_{rec} + \overline{c_w} \times x_3$ 低,因此它们的关系将反映对产汽量减小的影响,即

$$\overline{\xi}_{\Delta h_s} = 1 + \frac{k_{rec} \times \overline{c_w} \times x_3}{\Delta h_s^{extr}} = 1 + \frac{k_{rec} \times \overline{c_w} \times x_3}{r_s + \overline{c_w} \times x_3} = 1 + \frac{k_{rec}}{r_s/(\overline{c_w} \times x_3) + 1} = 1 + \frac{k_{rec}}{r_s/\delta h'_e + 1}$$

$$(4.13)$$

在式(4.13)中,这个值总是大于 1,即 $\overline{\xi}_{\Delta h_s} > 1$,对应再热给水循环减少的锅炉产汽量。与此同时,由于锅炉受热面的再分配,使得中间抽汽再热给水循环的窄点温度降低,即 $x_1^{extr} < x_1^{rec}$;式(4.12)中的蒸发器受热面的减小引起的蒸汽变化为

$$\overline{\xi}_{\delta x_1} = [1 - x_1^{extr}/(t_{g_0} - t_s)] \times [1 - x_1^{rec}/(t_{g_0} t_s)]^{-1} \qquad (4.14)$$

蒸汽产量变化因子 $\overline{\xi}_{\delta x_1} > 1.0$ 以及 $\overline{\xi}_{\Delta h_s} > 1.0$,对于中间抽汽再热给水循环锅炉产汽量更高,即 $\overline{\xi} = \overline{\xi}_{\delta x_1} \times \overline{\xi}_{\Delta h_s} > 1.0$;将实际值代入后,相对产汽量高 6%～10%,即 $\overline{\xi} = \overline{\xi}_{\delta x_1} \times \overline{\xi}_{\Delta h_s} = 1.06～1.10$。因此,中间抽汽不会对效率和功率产生影响,即在其他主要的参数相等以及 $\sum z_i^{extr} = \sum z_i^{rec}$ 时,有 $\overline{N} = \overline{\xi} \times A^{extr} \approx 1.0$。

另外,排气中可利用热量为水和蒸汽之间的相变潜热如下:

对于恒温调节阀再热给水再循环 $Q_{ST}^{rec} = D_T^{rec} \times \lambda_0 = D_T^{rec} \times (Hi + \lambda_x)$。

对于中间抽汽再热给水循环 $Q_{ST}^{extr} = D_T^{act} \times [1 - \Theta \times (1 - \Psi)] \times (Hi + \lambda_x)$,其中 Θ 为抽汽数量系数, $\Theta_{extr} = \Delta D_T^{extr}/D_T^{act} = (h'_{fw} - h'_x)/(h_{st}^{extr} - h'_x)$(参见图 4.48), $h_{st}^{extr} = h_{st} - \Psi \times Hi$。

基于以上条件,当汽轮机输出保持不变时,再生蒸汽的效率影响可由下式估计:

$$E_\varepsilon = (Q_T^{rec} - Q_T^{extr})/Q_T^{rec} = Q_\varepsilon/Q_T^{rec} \qquad (4.15)$$

对式(4.15)进行变换之后,得到

$$E_\varepsilon = \chi_{extr} \times (1 - \eta_{ST_i}) \times \Theta \times \Psi \qquad (4.16)$$

式中: $\chi_{extr} = [1 - \Theta \times (1 - \Psi)]^{-1}$; $\eta_{ST_i} = Hi/\lambda_0$。因此通过代入数值得到热效率 E_ε 的变化范围约为 2.5%(在较低的饱和蒸汽压力以及更高的给水温度下)到 3.5%。与以上结论一致的是没有额外的涡轮功率增长,那么锅炉的哪个部分会使得收益增加呢?如上所述(见式(4.16)),为了保持相同的结果,需要减小烟气的焓降 $\delta \Delta h_g^{rec/extr} = E_\varepsilon \times \varepsilon_T^0 \times \lambda_0$,这意味着在锅炉出口的烟气温度的增长。但是增长会在锅炉的哪个部分出现呢?两个系统的主要区别在于给水加热方式不同,对于再循环系统,烟气热量被利用,随后在省煤器中回收的热量 $\Delta h_{g_3}^{rec} = (1 + k_{rec}) \times \Delta h'_e \times \xi^{rec}/\eta_{al}$;然而,对于抽汽再热给水循环系统,其热量的利用效率较高,因此省煤器中烟气的焓降减少 $\Delta h_{g_3}^{extr} = \Delta h'_e \times \xi^{extr}/\eta_{al}$。而恒温调节阀再热给水循环的冷却率增加为

$$\delta \Delta h_g^{rec/extr} = \Delta h_{g_3}^{rec} - \Delta h_{g_3}^{extr} = \left[1 + k_{rec} - (1.06 \sim 1.10) \right] \times \Delta h_e' \times \xi^{rec}/\eta_{al}$$

$$= \left[k_{rec} - (1.06 \sim 1.10) \right] \times \Delta h_e' \times \xi^{rec}/\eta_{al}$$

(4.17)

与此同时,蒸发器受热面与产汽量的增加会导致烟气温度降低 $t_{g_s} = t_s + x_1$,在研究的范围内这份额外的热量差大约为 $\delta \Delta h_g^{rec/extr} = 6 \sim 14 kJ/kg$,在其他 HRC 指数不变时,对应的给水再热循环余热锅炉增加的出口烟气温度可以达到 $\delta \Delta t_{g_{exh}}^{rec/extr} = 7 \sim 12℃$。因此,中间抽汽可以提高平均烟气温度,并且导致锅炉烟气阻力的增加,即 $\sum \Delta P_g^{extr} > \sum \Delta P_g^{rec}$ 以及相应的主机损失 ΔHe_g。给水再热循环系统中,系统导致总的平均额外效率增长更高,最大时可以达到 $\overline{\Delta \Pi_0} \approx 1\% \sim 2\%$。另外,更高的锅炉出口排气温度可使尾部受热面出现酸性腐蚀的可能性降到最低,同时烟气速度增加使得烟气侧的受热面污染降低,即 $\varepsilon^{extr} < \varepsilon^{rec}$。可给水再热循环具有更高产汽量,使得汽轮机第一级叶片的损失减小,有利于汽轮机内效率的提高,并且可以减小汽轮机每一级的叶高损失和侧漏损失。

优化蒸汽压力的本质与之前的描述相似,但之前的研究表明,它比再循环的效率高(参见图 4.50)。在式(4.9)修改之后得到式(4.18),反映了极限蒸汽压力与无限制的受热面之间的关系:

$$t_s^{max} = t_{g_0} \times (k_e^{-1} - 1)^{-1} + t_{g_{exh}} \times (1 - k_e)^{-1}$$

(4.18)

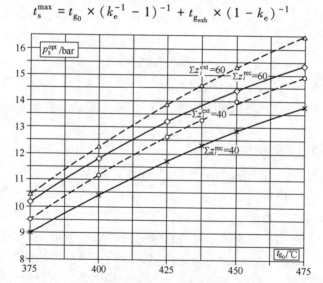

图 4.50 对有中间抽汽装置和再热循环,优化蒸汽压力和进气温度的关系

然而,排除一些冲突因素,由于排出烟气温度的差别,使得受因子 k_e(见式(4.8))影响的极限蒸汽压力升高,即 $t_{g_{exh}}^{extr} - t_{g_{exh}}^{rec} \approx 12 \sim 14℃$,这样也就直接影响了最优化压力。实际上对于固定的锅炉尺寸,窄点对压力选择也有一定的影响,即 $t_s = t_s^{max} - x_1$。基于以上要求的受热面分布,可再生蒸汽循环的这个温度差值将更

低,即 $x_1^{rec} > x_1^{extr}$,因此增加了 t_s^{extr}。

4.5.3 冷却速率固定

在中间抽汽再热给水的汽轮机循环中,当仅仅是安全问题限制烟气冷却速率进一步增加时,在同等的利用率下应该增大锅炉尺寸,即 $\sum \Delta t_g^{EB} = t_{g0} - (t_{gexh}^{extr} - t_{gexh}^{rec})$ 不变。在锅炉出口烟气温度较低时,受热面增长 $\overline{\Delta z_i}$ 较显著(参见图 4.51)。因此,可以使得净效率增长,在某一特定冷却率时,其绝对值达到最大级别 $\Delta \Pi_0^{max} = \Pi_0^{max} - \Pi_0^{rec} = \max$(参见图 4.52)。进一步的烟气冷却需要增大受热面,这就使得由于锅炉烟气阻力急速增加,加速能量损失。理论上,汽轮机输出功率或者其代表值 Π 与烟气冷却率有直接的比例关系,但是在锅炉受热面无限制时,有上限值 $\sum \Delta t_{gMAX}^{EB}$(见第 4.1 节)。因此可以得到最大值 Π_{max}(参见图 4.53),其中,具有中间抽汽的装置比恒温调节阀再热给水循环效率增加 $\overline{\Delta \Pi^{\Delta t_g}} \approx 4\%$(参见图 4.54)。与此同时,在受热面尺寸无限制时,可以得到不同的利用率,而恒温调节阀给水再热循环的值更高,分别对应的是曲线 1-2 和曲线 3-4,即当 $\sum \Delta z_i \to \infty$ 时,$\sum \Delta t_{gMAX}^{EB-rec} > \sum \Delta t_{gMAX}^{EB-extr}$。在这些边界条件下,锅炉烟气阻力的效应也是无限的,因此导致了总动力装置的零输出,即 $\lim\limits_{\sum \Delta z_i \to \infty} \Pi_0 = 0$。然而通过接近曲线 1-2 后的不同程度,有恒温调节阀给水再热循环的系统使得 HRC 有足够的增长效率,而有中间抽汽给水再热的系统没有。这意味着在某个冷却率或者 t_{gexh} 时,再循环的抽汽将会造成较大的主机功率损失,不过由于在循环中增加了除氧阶段,使得增加的效率有明显的峰值(参见图 4.54)。因此最好的相对增长效率为:

$$(\Pi_0^{extr} / \Pi_0^{rec} - 1) \times 100\% \mid_{t_{gexh} = 常数} = \Delta \Pi_0^{\Delta t_g} \approx 3\% \sim 3.3\%$$

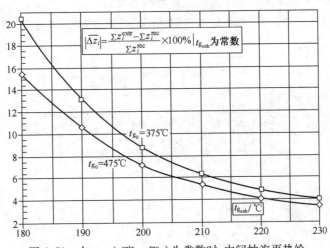

图 4.51 在 $t_{g0} - (t_{gexh}^{extr} = t_{gexh}^{rec})$ 为常数时,中间抽汽再热给

水余热锅炉尺寸相对增长量与排气温度的关系

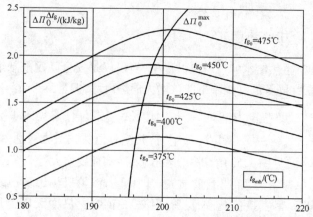

图 4.52 在 $t_{g_0} - (t_{g_{exh}}^{extr} = t_{g_{exh}}^{rec})$ 为常数时,中间抽汽再热给
水循环最大效率增长量与不同排气温度的关系

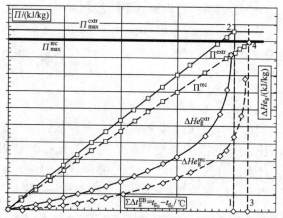

图 4.53 不同的气体冷却率下再热给水循环的余热利用系统效率参数

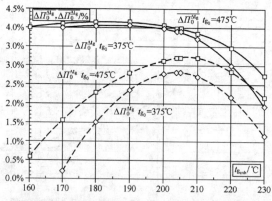

图 4.54 在给定烟气冷却率、不同出口温度时,
中间抽气装置对余热利用系统和动力装置效率影响

4.5.4 结论

（1）中间抽汽的余热利用循环是另一种可用方案，其主要目的是通过给水除氧确保船舶动力装置的安全。

（2）由于中间抽汽，在锅炉尺寸不变的条件下，可以得到以下结论。

① 由于加热阶段的利用，减少了在冷凝器中的潜热损失量，使汽轮机循环效率更高，但汽轮机中额外的增长仍然是不确定的。

② 同时，需要的烟气热量减少了，即 $t_{\mathrm{gexh}}^{\mathrm{extr}} < t_{\mathrm{gexh}}^{\mathrm{rec}}$，由于减少了流经省煤器的给水量，因此也减少了尾部受热面的酸性腐蚀。

③ 但是由于更高的出口温度以及相应的余热锅炉阻力增长，动力装置最终得到的效率稍小，即 $\Pi_0^{\mathrm{extr}} \leqslant \Pi_0^{\mathrm{rec}}$。

（3）给水量的减少，有利于受热面分布，朝着以省煤器受热面减小增大蒸发器受热面变化。

（4）研究在固定相等的烟气冷却速率的条件下，可以通过增大适当的受热面来提高效率，这使得汽轮机输出功率增加高达约 4%。

（5）但是锅炉受热面的增大伴随着主机功率的相应损失，烟气冷却率足够高时，实际效率收益趋近于 0。

（6）尽管如此，在相同的利用率下，总效率增长可以达到极限值 3% 左右，相关受热面的增长可达 10%~18%。

4.6 余热锅炉管加翅后对余热利用系统效率以及尺寸参数的影响

在研究中为了增加余热利用系统效率，余热锅炉管加翅是光滑锅炉的替代方案。同时，其最终效率增长应该予以计算，因此，本节将对此进行全面研究。

4.6.1 在相同锅炉尺寸、高度时的翅片效率

因为任何锅炉的横截面都可以看作 $L \times B$ 为定值，因此，锅炉高度 $\sum H_i$（或 $\sum z_i = z_{1_i} + z_{2_i} + z_{3_i}$）将代表受热面的大小。在余热锅炉光管高度 $\sum H_i^{\mathrm{sm}}$ 等于翅片管高度 $\sum H_i^{\mathrm{fin}}$ 并且两值保持不变，即 $\sum H_i^{\mathrm{sm}} = \sum H_i^{\mathrm{fin}}$ 并为定值时，加翅管的实际受热面 $\sum F_i^{\mathrm{fin}}$ 明显更大，即 $\sum F_i^{\mathrm{fin}} > \sum F_i^{\mathrm{sm}}$（见第 2 章），因此，这将在 $\sum H_i$ 为定值时，带来更高的烟气冷却（$t_{\mathrm{g0}} - t_{\mathrm{gexh}}^{\mathrm{fin}} > t_{\mathrm{g0}} - t_{\mathrm{gexh}}^{\mathrm{sm}}$）和余热利用系统总效率的增加（$\Pi_0^{\mathrm{fin}} > \Pi_0^{\mathrm{sm}}$）。所以，计算翅片效率值的公式见式（4.19），它代表了动力装置额外的净效率增长：

$$K_{\Pi_0}^{\sum H} = (\Pi_0^{\mathrm{fin}} - \Pi_0^{\mathrm{sm}}) / \Pi_0^{\mathrm{fin}} \times 100\% \mid_{H_i = \mathrm{const}} \qquad (4.19)$$

当研究具体的船舶项目时,计算翅片效率值将方便对不同的方案从经济上进行比较。锅炉总受热面可以根据以下公式计算。

对于光管受热面锅炉 $\sum F_i^{sm} = \pi \times d \times L \times \sum z_i^{sm} \times n_t$,式中 $\sum z_i^{sm} = \sum H_i^{sm}/S_2^{sm}+3$ 且 $n_t = B/S_1^{sm}+1$,因此 $\sum F_i^{sm} = \pi \times d \times L \times (\sum H_i^{sm}/S_2^{sm}+3) \times (B/S_1^{sm}+1)$,单位为 m^2;

对于翅片管锅炉,$\sum F_i^{fin} = \pi \times d \times L \times (1-F_{ribs}/F) \times (\sum H_i^{fin}/S_1^{fin}+1)(B/S_1^{fin}+1)$,单位为 m^2,式中:F_{ribs}/F 为翅片面积与总面积的关系,可以根据翅片管的特性计算[21,52,87,89,109,138]。具体的锅炉各个受热面积的每平方米的价格取决于材料的等级、数量、劳动力的费用等生产成本,可以分别用符号 C_i^{sm},C_i^{fin}、欧元/m^2 表示,因此具体的锅炉制造费用为 $E^{\Sigma j} = C_i^j \times \sum F_i^j$,$C/m^2$。基于这些假设,引入翅片管锅炉制造的相应费用增长系数,它反映了额外的费用:

$$K_E^{\Sigma H} = \frac{C_i^{fin} \times \sum F_i^{fin} + C_i^{sm} \times \sum F_i^{sm}}{C_i^{sm} \times \sum F_i^{sm}} \times 100\% = \left(\frac{C_i^{fin}}{C_i^{sm}} \times \frac{\sum F_i^{fin}}{\sum F_i^{sm}} - 1 \right) \times 100\%$$

或

$$K^{\Sigma H} = \left(\overline{C_i} \times \left(1 - \frac{F_{ribs}}{F} \right) \times \frac{\sum H_i - S_2^{fin}}{\sum H_i - S^{sm}} \times \frac{S_2^{sm}}{S_2^{fin}} \times \frac{B - S_1^{fin}}{B - S_1^{sm}} \times \frac{S_1^{sm}}{S_1^{fin}} - 1 \right) \times 100\% \quad (4.20a)$$

式中:$\overline{C_i} = C_i^{fin}/C_i^{sm}$ 为加翅管和光管锅炉的造价比值关系。

当锅炉尺寸的值 $\sum H_i$ 与 B 相当高时,式(4.20a)可以变换为

$$K_E^{\Sigma H} = (\overline{C_i} \times (1-F_{ribs}/F) \times (S_2^{sm}/S_2^{fin}) \times (S_1^{sm}/S_1^{fin}) - 1) \times 100\% \quad (4.20b)$$

对于采用的管束的尺寸,在 $\sum H_i^{fin} = \sum H_i^{sm}$ 且为常数时,费用增长的系数 $K_E^{\Sigma H} \approx (\overline{C_i} \times 2938 - 1) \times 100\%$。效率指数与价格指数的比值 $K_{\Pi_0}^{\Sigma H}/K_E^{\Sigma H}$ 或者 $\partial K_{\Pi_0}^H/\partial K_E^{\Sigma H}$ 反映了最终燃料节省量 $K_{\Pi_0}^H$ 与增加投资 $K_E^{\Sigma H}$ 的效率关系。同时,燃油增长随着受热面大小的增加可以达到理论极限(参见图4.55),加工费用也会接近一定的比例,这也意味着在一定的余热锅炉临界尺寸等于 $\sum H_0^{crit}$ 时,翅片管可以产生最高的净节省量。随着锅炉高度的增加,会达到另外一个临界高度 $\sum H_1^{crit}$。为了防止由于振动产生的隐患,长度较长蒸发器管束被分为两个区域,当然这会导致锅炉造价增加。达到第3个关键级别 $\sum H_2^{crit}$ 时,余热锅炉出口的烟气温度相当低,这将导致尾部受热面的大范围的酸性腐蚀,特别是当主机使用含硫成分较高的燃油时。因此,可以从经济性和运行平稳性方面考虑使用合金钢制造的省煤器,这将导致锅炉制造费用的增加(参见图4.55)。基于以上成本分析表格的净增长,额外燃油节余以及初始余热锅炉的费用的差值可以用函数呈现出来(参见图4.56),这样可以将在不同情况下的最大值及总费用清晰地呈现在制造商以及船东面前。本书将不探讨经济性,这只是一个示例,至于结果如何利用以及翅片管受热面效率系数的实用性将不予讨论。

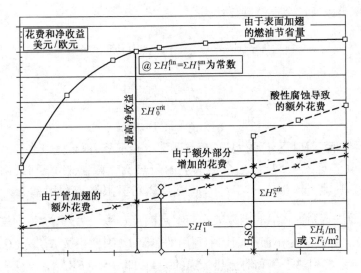

图 4.55　表面加翅对燃油消耗与投资的影响

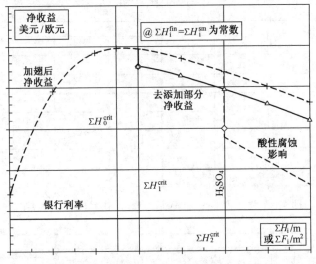

图 4.56　余热锅炉加翅效果与净收益关系

为了简化验证,余热锅炉烟气阻力的效应 $\sum P_{G_i}$ 可以先忽略,余热利用系统的效率增长约等于汽轮机的输出功率,即 $\Pi_0 \approx \Pi$。因此,动力装置的净增长系数 $K_{\Pi_0}^{H}$ 可以根据 $K_{\Pi_0}^{H} = (\Pi_H^{fin}/\Pi_H^{sm}-1) \times 100\%$ 计算,其中,Π_H^{fin} 和 Π_H^{sm} 分别代表高度相同的光管锅炉以及翅片管锅炉中的余热利用系统汽轮机输出功率。因此,为了使本章节的结论更加通俗易懂,过热器尺寸的选择使得蒸汽过热度 Δt_{st} 相等,即 $\Delta t_{st}^{fin} = \Delta t_{st}^{sm}$,那么受热面翅片效率将取决于相关容积关系 $K_{\Pi_0}^{\sum H} \approx [(\xi^{fin}/\xi^{sm})-1] \times 100\%|_{H=\mathrm{const}}$。而式(3.4)中,在相同的压力以及接近点温度下,受热

103

面强化效率可以通过窄点温度反映为

$$K_{\Pi_0}^{\Sigma H} \approx \frac{\overline{c_{p_g}} \times (x_1^{sm} - x_1^{fin})}{h_{g_0} - h_{g_s}^{sm}} \times 100\%$$

或

$$K_{\Pi_0}^{\Sigma H} \approx \frac{x_1^{sm} - x_1^{fin}}{t_{g_0} - (t_s + x_1^{sm})} \times 100\% \qquad (4.21a)$$

随着受热面 $\Sigma H_i(\Sigma z_i)$ 的增长,窄点温度将会下降,但是光管和翅片管的下降程度不同(参见图4.57)。当余热锅炉的受热面无限制地增长时,两个差值 x_1^{sm} 和 $x_1^{fin} \rightarrow 0$,即 $\lim\limits_{H_i \rightarrow \infty} (x_1^{sm}, x_1^{fin}) = 0$,此时会达到极限最高利用率 $\Delta t_{g_{MAX}}^{\Sigma}$(参见图4.58),而决定系数 $K_{\Pi_0}^{\Sigma H}$ 的函数关系与窄点温度一致。另外,余热利用系统的效率指数 Π_0 等效于受热面从烟气中利用的热量 Q,因此系数 $K_{\Pi_0}^{\Sigma H} \approx (Q^{fin}/Q^{sm} - 1) \times 100\%$。考虑到热平衡和对流热传递的关系,即 $Q = k \times F \times \Delta t_{LOG} = G_g \times \Delta h_g \times \eta_{al}$(见第3章),翅片效率增长可以修订为

$$K_{\Pi_0}^{\Sigma H} \approx (\Delta h_g^{fin}/\Delta h_g^{sm} - 1) \times 100\% \approx (t_{g_{exh}}^{fin} - t_{g_{exh}}^{sm})/(t_{g_0} - t_{g_{exh}}^{sm}) \times 100\% \qquad (4.21b)$$

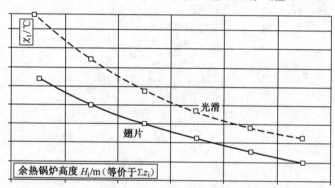

图 4.57　对光管与翅片管锅炉,窄点温度与高度的关系

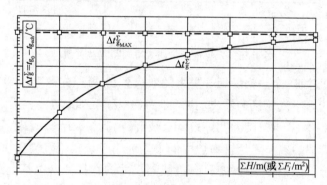

图 4.58　余热锅炉换热面(高度)与利用率的关系

104

如考虑对流传热,可以得到以下关于翅片效率系数的表达式 $K_{\Pi_0}^{\Sigma H} \approx$ $\left(\dfrac{\sum k_i^{fin} \times F_i^{fin} \times \Delta t_{\log_i}^{fin}}{\sum k_i^{sm} \times F_i^{sm} \times \Delta t_{\log_i}^{sm}} - 1 \right) \times 100\%$;如果仅仅考虑蒸发器的主要影响而忽略其他部分的影响,那么可以得到如下简化表达式:

$$K_{\Pi_0}^{\Sigma H} \approx [(k_1^{fin}/k_1^{sm}) \times (F_1^{fin}/F_1^{sm}) \times (\Delta t_{\log_1}^{fin}/\Delta t_{\log_1}^{sm}) - 1] \times 100\% \quad (4.21c)$$

通过用不同的方式表达值 $K_{\Pi_0}^{\Sigma H}$,其本质可以用 $K^{\Sigma H}\Pi_0 = f(H)$ 表示(参见图 4.59)。对于受热面较小的余热锅炉,采用翅片管可以获得最大效益,随着余热锅炉受热面的增长,可以利用的热量越来越少,最终额外效益也变少了,因此,用 $\partial K_{\Pi_0}^{\Sigma H}/\partial H_i < 0$ 和 $\partial^2 K_{\Pi_0}^{\Sigma H}/\partial(H_i)^2 > 0$ 限定函数关系式 $K_{\Pi_0}^{\Sigma H} = f(H_i)$,并满足边界条件 $\lim\limits_{H_i \to \infty} K_{\Pi_0}^{\Sigma H} = 0$。一方面,余热锅炉对出口烟气温度的波动进行平衡而类似于一个热补偿器,这依赖于进口或者环境温度 t_a,即 $\partial t_{g_0}/t_{g_0}(t_a) > \partial t_{gexh}/t_{g_0}(t_a) > 0 \mid_{H = const}$,尤其当余热锅炉尺寸较大时。因此,由于进口温度 t_{g_0} 的升高(参见图 4.59 和图 4.60),系数 $K_{\Pi_0}^{\Sigma H}$ 仅有微小的增长。在余热锅炉高度足够时,出口烟气温度近似相等 $t_{g_0}^{fin} \approx t_{gcx}^{sm}$,因此确保了在相关区域的烟气平均对数温度是相同的,即 $\Delta t_{\log_i}$ 为常数。因此,另外一个简化的系数 $K_{\Pi_0}^{\Sigma H}$ 的表达式为 $K_{\Pi_0}^{\Sigma H} \approx [(\sum k_i^{fin}/\sum k_i^{sm}) \times (F_i^{fin}/F_i^{sm}) - 1] \times 100\%$。同时在余热锅炉尺寸固定时,受热面关系也将固定,即 $F_i^{fin}/F_i^{sm} \mid_{H = const}$ 为常数,因此受热面翅片效率将仅仅取决于传热效率的关系 $k_i^{fin}/k_i^{sm} = \bar{k}$。仅考虑蒸发器部分以及主机中燃烧优质燃料,当污染系数 ε 对传热系数的影响可以忽略不计,即 $\varepsilon = 0$ 时,因此可以得到:

$$K_{\Pi_0}^{\Sigma H} \sim k^{fin}/k^{sm} \mid_{H = const} = \bar{k} = \bar{C}_k^g \times W_C^{0.05} \times k_{t_g}^{-0.0986} \times (\bar{t}_g/100)^{0.0175} \times (1/c_\Phi)$$

$$(4.22)$$

式中:$\bar{C}_k^g$ 为翅片化率,代表翅片受热面锅炉与光管受热面锅炉的管束几何特性关系。烟气温度对值 $\bar{t}_g, c_\Phi, k_{t_g}$ 的影响是明显的,并且可以用指数 $\partial K_{\Pi_0}^{\Sigma H}/\partial t_{g_0} > 0$;$\partial^2 K_{\Pi_0}^{\Sigma H}/\partial(t_{g_0})^2 < 0$ 决定受热面翅片效率的函数关系 $K_{\Pi_0}^{\Sigma H} = f(t_{g_0})$(参见图 4.60)。另一方面,在某些时候余热利用效率 Π_0 直接取决于烟气冷却速率,即 $\Delta t_g^{\Sigma} = t_{g_0} - t_{gext}$,因此在同一锅炉尺寸中(考虑传热系数的效应)翅片管的有效受热面更大,即 $F_{ef}^{fin} > F_{ef}^{sm}$,所对应的温度差值 Δt_g^{Σ} 以及效率不同(参见图 4.61 中线 O-A)。由于利用率增长趋于零的限制,即 $\partial K_{\Pi_0}^{\Sigma H}/\partial H_i < 0$,随着锅炉高度的进一步增加,受热面的翅片效率也降低了,即 $\partial K_{\Pi_0}^{\Sigma H}/\partial H_i < 0$。如上所述,进口烟气温度的增长对排气温度增长有着相似的减小效应,因此利用率预计的增长在实际中可能更小一些,值 $\delta \Delta t_{g_i}^{0-exh}$(参见图 4.61 中曲线 O-B)是温度偏差,即 $\delta \Delta t_{g_i}^{0-exh} = (t_{g_{0_{i+1}}} - t_{g_{0_i}}) - (t_{g_{ech_{j+1}}} - t_{g_{exh_i}})$ 或 $\delta \Delta t_{g_i}^{0-exh} \sim (1 - \partial t_{gexh}/\partial t_{g_0})$。同时,这项温度偏差受到

余热锅炉受热面大小直接影响，即 $\partial(\delta\Delta t_{g_i}^{0\text{-exh}})/\partial F_i<0$，在相等高度时，加翅管受热面更大，相应的冷却率受到排气温度的影响也更小，最终决定了受热面强化效率的增长（参见图 4.60）。

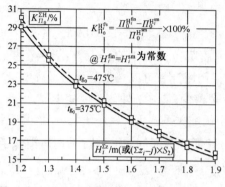

图 4.59　余热锅炉表面高度和管加翅系数的关系

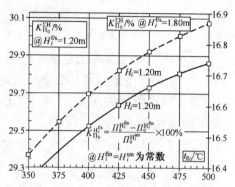

图 4.60　余热锅炉受热面加翅片系数与进气温度的关系

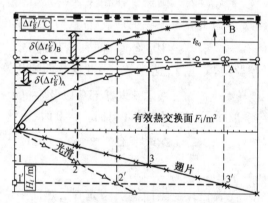

图 4.61　余热锅炉尺寸与排气冷却率关系

同样，蒸汽压力 p_s 对翅片效率也有影响，如式（4.22）所示，系数 $K_{\Pi_0}^{\Sigma H}$ 直接受平均烟气温度 $\bar{t}_g$ 的影响，而饱和温度由压力决定，即 $\bar{t}_g(t_{g_0}+(t_s+x_1))\times0.5$。尽管有相反的效应，但对窄点温度仍然有二阶的影响，受热面强化效率的函数变化可以根据以下指数 $\partial K_{\Pi_0}^{\Sigma H}/\partial p_s(t_s)>0$ 得出。另外，烟气阻力会对动力装置效率增长 Π_0 产生不利的影响，尽管翅片管锅炉损失 ΔHe_g 增加，翅片管锅炉的有效面积比光管锅炉明显更大，因此有更高的净输出功率（参见图 4.62）。同时，值 Π_0 有其最大值，然而不同的受热面类型有不同的最大值（参见图 4.63）。基于以上研究（见第 4.3 节），以下余热利用系统效率的函数变化率可以表示为 $\partial\Pi_0/\partial p_s|_{H=\text{const}}^{\text{fin}}>\partial\Pi_0/\partial p_s|_{H=\text{const}}^{\text{sm}}$ 或 $(\partial\Pi_0/\partial p_s)^{\text{fin}}-(\partial\Pi_0/\partial p_s)^{\text{sm}}>0$，因此，以下公式再次决定了相关效率指数的变化，即 $\partial K_{\Pi_0}^{\Sigma H}/\partial p_s(t_s)>0$，$\partial^2 K_{\Pi_0}^{\Sigma H}/\partial(p_s$

$(t_s))^2>0$(参见图 4.64)。

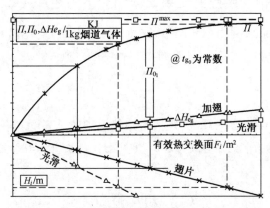

图 4.62　余热利用系统效率指数与锅炉尺寸关系

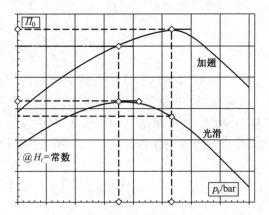

图 4.63　余热利用系统效率净增长和蒸汽压力关系

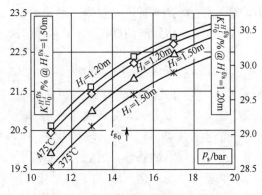

图 4.64　加翅效率与蒸汽压力关系

基于以上研究,当锅炉尺寸固定时,由于管子加翅,相关效率增长约
20%~28%

4.6.2　在相同余热利用系统净增益下的翅片效率

基于固定的余热利用系统净增益(即 Π_0 为定值)所得出的翅片效率,使得降低锅炉高度成为可能,这可通过每个方程中的系数 $K_{\sum H}^{\Pi_0}$ 表示:

$$K_{\sum H}^{\Pi_0} = \left(1 - \frac{\sum H_{i_{\text{fin}}}^{\Pi_0}}{\sum H_{i_{\text{sm}}}^{\Pi_0}}\right) \times 100\% \qquad (4.23a)$$

式中: $\sum H_{i\text{fin}}^{\Pi_0}$ 和 $\sum H_{i_{\text{sm}}}^{\Pi_0}$ 是在 Π_0 为定值时余热锅炉的总高度。事实上这种方案的优势在对流面,即 $H_i^{\sum z}$(或($\sum z_i-j)\times S_2$)(见第 3 章),并不在管组间隙 ΔH_x,因此本节为受热面减少量找到了另一个参数:

$$K_H^{\Pi_0} = \left[1 - \left(\sum_{i=1}^{n(=3)} H_{i_{\text{fin}}}^{\Pi_0} \Big/ \sum_{i=1}^{n(=3)} H_{i_{\text{sm}}}^{\Pi_0}\right)\right] \times 100\% \qquad (4.23b)$$

这两种系数之间的关系取决于管组间隙的大小,而间隙又随着工程的不同而不同,其关系为

$$K_{\sum H}^{\Pi_0} = K_H^{\Pi_0} \times K_{\Delta Hx}^{\Pi_0}, K_{\Delta Hx}^{\Pi_0} = \left[1 - \left(\Delta Hx \Big/ \sum_{i=1}^{n(=3)} H_{i_{\text{sm}}}^{\Pi_0}\right)\right]^{-1} \qquad (4.23c)$$

在两种极限情况下,即间隙趋近于 0 或者锅炉受热面无穷大(或足够大)时,换热管加翅的影响会通过系数 $K_H^{\Pi_0}$ 体现出来,以下是合理简化——$\lim_{\Delta Hx \to 0(\sum z \to 0)}(K_{\sum H}^{\Pi_0}) = K_H^{\Pi_0}$。为了简化,必须要进行一些假设,即比起另两个锅炉组成部分而言,蒸发器是占有主导地位的,并且用的是高品质零含灰率的燃油,那么

$$K_H^{\Pi_0} = (1 - 1.2717 \times \overline{C_k^g} \times W_C^{-0.05} \times k_{t_g}^{0.0986} \times (\overline{t_g}/100)^{-0.0175} \times c_\Phi) \times 100\%$$

$$(4.24)$$

通过输入实际数据,余热锅炉高度减少量达到 24%~25%,这与本节的研究结果相符。由于锅炉烟气阻力的影响很小,忽略其影响后,为确保汽轮机输出功率相同即 $\Pi(\Pi_0)$ 为常数,所要达到的高度值,对于光管和翅片管两种情况下是不一样的:

$$\partial \sum H_i^{\Pi_0} = \sum H_{i_{\text{sm}}}^{\Pi_0} - \sum H_{i_{\text{fin}}}^{\Pi_0}$$

通过对流区的延伸和高度的增加(翅片管锅炉比光管锅炉的变化更为明显,即 $\partial \sum H_{i+1}^{\Pi_0} > \partial \sum H_i^{\Pi_0}$),效率的进一步提高成为可能,即 $\Pi_{i+1} = \Pi_i + \Delta \Pi_i = \text{const}_{i+1}$,这也就预先确定了系数 $K_{\sum H}^{\Pi_0}$ 的函数变化率 $\partial K_{\sum H}^{\Pi_0}/\partial \Pi_0 > 0$(参见图 4.66)。而实际中,在 Π 为常值的条件下,锅炉烟气阻力 ΔP_g 也是要考虑的。此时,在相同的烟气冷却率($t_{g_{\text{exh}}}$ 为定值)下,相关的加翅 $\Delta P_{g_i}^{\text{fin}}$ 和光管 $\Delta P_{g_i}^{\text{sm}}$ 阻力之间的关系为

$$\Delta P_{g_i}^{\text{fin}}/\Delta P_{g_i}^{\text{sm}} = \Gamma_{\Delta P} \times (S_1^{\text{fin}}/S_1^{\text{sm}}) \times d/D_{\text{ekv}} \times W_{C_i}^{0.02} \times k_{\text{tg}_i}^{0.2535} \times (\overline{t_g}/100)^{-0.005}$$

$$(4.25)$$

式中:$\Gamma_{\Delta P}$ 是光管管束和翅片管管束中都不变的比较复杂的几何参数。对于光管锅炉来说,ΔP_{g_i} 平均高出 $10\% \sim 15\%$,即对于本节的示例 $\Delta P_{g_i}^{fin}/\Delta P_{g_i}^{sm} \approx 0.80 \sim 0.90$,从而确保受热面的表面粗糙度,但是这对于效率指数的激增 $K_{\Sigma H}^{\Pi}$ 有积极的效果,即 $\partial^2 K_{\Sigma H}^{\Pi}/\partial(\Pi_0)^2 > 0$(参见图 4.66)。同时,根据之前的研究,由于 ΔP_{g_i} 的影响越来越重要,使得 Π_0 增长受限;在翅片管的临界面 F_{crit}^{ef} 达到最大效率时,$\Pi_0 = \Pi_0^{max}|_{F_i^{ef}=F_{crit}^{ef}}$,大于此 Π_0 的研究就不必要了(参见图 4.65)。进气温度 t_{g0} 对于翅片效率也有确切的影响,但是它对测量值的效率指数 Π、Π_0、ΔHe_g 有决定性影响,无法比较与 ΔP_{gi} 和 t_{g0} 的影响孰轻孰重。

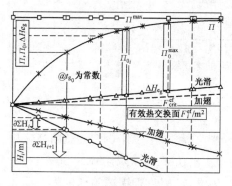

图 4.65　管加翅对锅炉
尺寸的影响

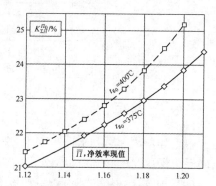

图 4.66　在不同进气温度 t_{g0} 下,
管加翅对余热锅炉高度影响

根据式(4.24),由于饱和温度 t_s 对 $\overline{t_{g1}}$ 有显著影响,翅片效率和蒸汽压力 p_s 的关系特征为 $\partial K_{\Sigma H}^{\Pi_0}/\partial p_s > 0$,$\partial^2 K_{\Sigma H}^{\Pi_0}/\partial(p_s)^2 < 0$。因此在特定压力 p_{s_i} 为定值时,当有效受热面相同时,即 $F_{i_{sm}}^{ef} = F_{i_{fin}}^{ef}$(对应相同的冷却率),式(4.25)中光管余热锅炉的主机能量损失仍然较高,即 $\Delta He_{g_i}^{fin} < \Delta He_{g_i}^{sm}|_{F_{i_{sm}}^{ef}=F_{i_{fin}}^{ef}}$,而此时汽轮机输出功率仍会是个常数,即 $\Pi^{sm} = \Pi^{fin}|_{F_{i_{sm}}^{ef}=F_{i_{fin}}^{ef}}$。因此,$F_{i_{sm}}^{ef} = F_{i_{fin}}^{ef}$ 为了满足本文研究的条件,即 $\Pi_0 = \Pi - \Delta He_g$ 为常数,光管的有效面积或者相应的冷却率应该增加 $\Delta F_i^{ef} > 0$,即 $F_{i+1_{sm}}^{ef} = F_{i_{sm}}^{ef}(F_{i_{fm}}^{ef} + \Delta F_i^{ef}|_{\Pi_0=const}$,这会导致已经增加基础上的尺寸再次增加 $\delta H_i^z|_{\Pi_0=常数}$。最后,光管余热锅炉的高度由以下几个部分组成:

$$\Sigma H_{i_{sm}}^{\Pi_0} = \Sigma H_i^{\Pi_0} + \Delta H_i^z|_{F_i^{ef}=const} + \delta H_i^z|_{\Pi_0=const} \qquad (4.26)$$

式中:$\Delta H_i^z|_{F_i^{ef}=const}$ 是在相同有效面积 $F_{i_{sm}}^{ef} = F_{i_{fin}}^{ef}$ 或者利用率下光管锅炉应额外增加的高度。在余热利用系统其他参数都确定时,余热锅炉烟气阻力和压力几乎成正比,即 $\Delta P_{g_i} \approx C_{\Delta P} \times p_s$,同时能量损失为 $\partial \Delta He_g/\partial p_s > 0$。这导致了有效受热面增长 $\partial(\delta H_i^z|_{\Pi_0=const})/\partial p_s > 0$ 和相关的锅炉高度的变化。这样得出了翅片的效率关系(参见图 4.67)。

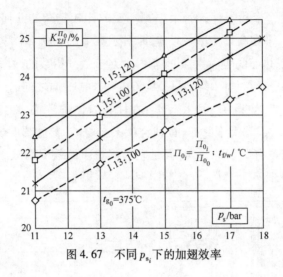

图 4.67　不同 p_{s_i} 下的加翅效率

4.6.3　总结

（1）在锅炉高度确定的情况下，即 $\Sigma H_i^{fin} = \Sigma H_i^{sm}$，单位体积的受热面强化可以确保更深层次的冷却，这导致了更高的净输出功率，即 $K_{\Pi_0}^{\Sigma H} = 16\% \sim 30\%$。

（2）为了达到相同的净输出功率 Π_0 为常数，翅片管锅炉的高度将会比光管锅炉平均减少 $21\% \sim 25\%$，即 $K_{\Sigma H}^{\Pi_0} = 21\% \sim 25\%$。

（3）提高进气温度 t_{g_0} 能提高翅片效率，增加蒸汽压力。

第5章 有限资源下的余热利用

5.1 引   言

前已述及,先进低速柴油机在船舶主机使用中占主要地位。经过这些年的技术发展,发动机的效率已经通过减少各种可能的热损失达到其热力学上限,热损失中第一位考虑的总是排气中的热量(参见图5.1)。由于高额的设备初始投资以及让人将信将疑的效益,使得任何余热利用系统变得没那么具有吸引力。然而,近年来油价的上涨以及主机输出功率的增加(参见第1章,引言),排气以及冷却剂中的热量利用被认为具有潜在价值,这样不仅可以节省燃料,同时也降低了建造配套电力装置以及维修的费用。不同的环境安全国际法规规定的目标,也使得人们重新考虑使用余热利用系统的可能性。由于所有的热损失中排气所占比重最大(参见图1.12),本文的目标是保证余热锅炉中对烟气最大程度的冷却。基于第4章得出的结论,最优蒸汽压力可能非常低,因此在实际情况下,采用较高的压力,即 $p_s > p_s^{min}$。

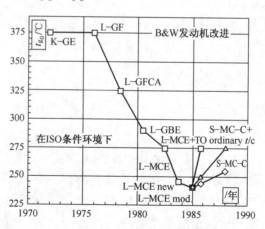

图5.1 随着低速柴油机的发展,余热利用潜力

因此,在本书的研究中,要考虑针对先进低速柴油机的余热利用系统可能出现的一些主要差别。

(1) 有限资源下的余热利用;

(2) 主要目标就是要利用所有可能的热损失;

（3）不同的布置方式，如余热利用系统和汽轮发电机在船舶电力装置中的布置；

（4）有限余热利用的可行性；

（5）由技术条件或者烟气温度损失决定蒸汽压力的选择。

基于以上考虑，本章的研究分为 3 个小节，即低速柴油机动力装置的一些具体特性，共同的规律以及与余热利用系统无关的通用方法和结论。

5.2 烟气温度较低时余热利用可行性研究

5.2.1 主要输入参数

为了保证先进低速柴油机的余热利用系统的最高输出功率，主机出口即余热锅炉进口气体温度 t_{g0} 损失应尽可能大，使得烟气冷却率应尽可能高。同时在设计过程中应该考虑排气温度的最低值，不能低于 $160^{\circ}C^{[70,74,88,118,129,147]}$。因此，将接收烟气冷却的回收率作为初始输入数据，即相对烟气温差 $\Delta t_g^{\Sigma} = t_{g0} - t_{gexh}$，就可以决定和选择余热利用系统和蒸汽锅炉的其他热力学和几何特性。

前面已经提及，蒸汽压力 p_s 的最低值不应低于 $7bar^{[27,34,133,134,147]}$。而且，另外一个决定锅炉尺寸或者余热利用率的重要热力学参数，就是进气温度 t_{g0} 和饱和蒸汽温度 t_s 的差值，即蒸发器的最终冷却量 $\Delta t_s^0 = t_{g0} - t_s$。当锅炉尺寸无限大时，可以将排烟在锅炉出口冷却到给水温度，这样烟气热量利用率最高可达 $\Delta t_g^{\Sigma\Sigma} = t_{g0} - t_{fw}$。如上所述，温差 $x_3 = t_s - t_e$ 总是正值，在本章的研究中 $x_3 \geqslant 15^{\circ}C^{[23,45,72,104]}$。

5.2.2 主要分析方程

蒸汽相对过热度 χ 反映实际过热度 $\Delta t_{st} = t_{st} - t_s$ 与热力学温差 $\Delta t_s^0 = t_{g0} - t_s$ 的关系，可表示为

$$\chi = (t_{st} - t_s)/(t_{g0} - t_s) = (t_{st} - t_s)/\Delta t_s^0 \qquad (5.1)$$

这是本节研究的内容之一。这样，过热蒸汽温度就可以通过公式 $t_{st} = \chi \times \Delta t_s^0 + t_s$ 来计算，包括它的焓值 h_{st}（见第 3 章）。为了简化下面的方程，假设温降在合理范围内时，烟气平均比热为常数，即 $c_g \big|_{t_{gex}}^{t_{g0}} =$ 常数。但是，更加精确的烟气温度及焓值就需要在不同的技术手册和规范中查得（参见第 3 章）。从理论上说，当系数 $\chi = 0$，即没有过热区域时，蒸汽相对输出量 ξ_0 达到最大值：

$$\xi^0 = \Delta t_g \times \overline{c_g} \times \eta_{al}/(\Delta h_s + \Delta h_e') \qquad (5.2)$$

实际上，当过热度 $\chi > 0$ 时，锅炉产汽量 $\xi = k_G \times \xi^0$，其中 k_G 代表产生 1kg 过热蒸汽利用热量的相对部分。这个系数可用下面的公式表示：

$$k_G = [1 + \Delta h_{st}/(\Delta h_s + \Delta h'_e)]^{-1} = (1 + \overline{c_{st}} \times \chi \times \Delta t_s^0/(\Delta h_s + \Delta h'_e))^{-1}$$

$$(5.3)$$

式中，$\overline{c_{st}}$ 是过热蒸汽的平均比热容。当部分过热蒸汽 ξ_{sat} 被用作加热时，锅炉整体的产汽量将为

$$\xi = k_G \times \xi^0 + (1 - k_G) \times \xi_{sat}$$

$$(5.4)$$

下面给出各个区域内利用的排烟热量。

- 在蒸发器内 $\Delta h_{g_1} = \overline{c_g} \times \Delta t_g^{\Sigma} \times k_E \times k_G$，其中系数 k_E 代表着省煤器对过热蒸汽生产能力的影响，其值为

$$k_E = (1 + \Delta h'_e/\Delta h_s)^{-1}$$

$$(5.5)$$

- 在过热器内，$\Delta h_{g_2} = \overline{c_g} \times \Delta t_g^{\Sigma} \times (1 - k_G)$；
- 在省煤器内，$\Delta h_{g_3} = \overline{c_g} \times \Delta t_g^{\Sigma} \times (1 - k_E) \times k_G$。

在方程转换之后，受热面的平均对数温度可以通过下面的公式计算：

$$\Delta t_{\log_1} = \frac{\Delta t_g^{\Sigma} \times k_E \times k_G}{\ln\left(\dfrac{\Delta t_s^0 - \Delta t_g^{\Sigma} \times (1 - k_G)}{\Delta t_s^0 - \Delta t_g^{\Sigma} \times (1 - k_G + k_E \times k_G)} + 1\right)}; \Delta t_{\log_2} = \frac{\Delta t_s^0 \times \chi - \Delta t_g^{\Sigma} \times (1 - k_G)}{\ln \dfrac{1 - \Delta t_s^0/\Delta t_g^{\Sigma} \times (1 - k_G)}{(1 - \chi)}}$$

$$\Delta t_{\log_3} = \frac{\Delta t_g^{\Sigma\Sigma} - \Delta t_g^{\Sigma} \times (1 - k_E) \times k_G - \Delta t_s^0 - x_3}{\ln \dfrac{\Delta t_g^{\Sigma\Sigma} - \Delta t_g^{\Sigma}}{\Delta t_s^0 - \Delta t_g^{\Sigma} \times (1 - k_G + k_E \times k_G) + x_3}} 或者 \frac{\Delta t_g^{\Sigma\Sigma} - \Delta t_g^{\Sigma} \times (1 - k_E) \times k_G - \Delta t_s^0 - x_3}{\ln \dfrac{t_{exh} - t_{fw}}{\Delta t_s^0 - \Delta t_g^{\Sigma} \times (1 - k_G + k_E \times k_G) + x_3}}$$

联立上面的热平衡和对流传热方程，经过方程变换，受热面各自的加热管数量 z_i 可以通过式(3.20)计算(参见第 3.9.5 节)。然后计算各自的锅炉烟气阻力 $\sum \Delta P_g$ 和汽轮机输出功率 Ne_{TG}。通过上面的方法，本节分析在确定的烟气利用率下，即 $\Delta t_g^{\Sigma} = t_{g0} - t_{gexh}$ 时，余热利用系统效率指数的规律。

5.2.3 蒸气过热度的影响

尽管蒸汽过热度可对汽轮机效率产生直接的影响，但从前文可知，过热度 χ 不可能无限制增加。由于 z_2 的存在，在温度较低的区域烟气温度得到补偿，这个补偿虽然小，但是增加了 z_1 的数量，导致蒸发器部分的热量传递效率产生了轻微的下降。随着 χ 值的增加，产汽量 $\xi = k_G \times \xi^0$ 有降低的趋势，即 $\partial \xi/\partial \chi > 0$，这会导致省煤器尺寸在 x_3 不变的条件下有少量的减小，即 $\partial z_3/\partial \chi < 0$。同时，由于过热器 $\partial z_2/\partial \chi \gg 0$ 的影响，余热锅炉受热面总尺寸 $\sum z_i$ 也有增长的趋势(参见图 5.2(a))。由于等熵焓差 Ha 与过热度有直接关系，使得汽轮发电机输出功率 Ne_{TG} 直线增加(参见图 5.2(c))。同时，锅炉烟气阻力 $\sum P_{gi}$ 也加速增长(参见表 5.2(b))，这对主机效率和输出功率产生了不利的影响。从已经获得的结果，推导出单位受热面 $\Delta \sum z_i$ 上效率增长 ΔNe_{TG}(单管)和蒸汽过热度的关系，即 $\partial Ne_{TG}/\partial \sum z_i = f(\chi)$(参见图 5.2(c))，它反映了余热锅炉初始费用与燃料节省量

的关系。根据现有的分析特征，χ 的最优值应该不超过 0.9，即 $\chi \leqslant 0.9$，更高的烟气过热度将会导致总体动力单元效率的迅速下降。

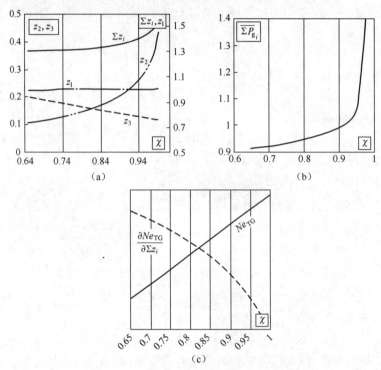

图 5.2　Δt_g^{Σ}，χ_3 以及 P_s 为常数的条件下，蒸汽过热度对余热利用引导的影响
(a)余热锅炉表面分布；(b)余热锅炉烟风阻力；(c)余热利用系统效率。

5.2.4　可用烟气热量变化的影响

　　由于烟气出口温度的最低值是预先确定的，即 $t_{g_{exh}} \geqslant 160\text{℃}$，那么烟气温度差 Δt_g^{Σ} 只会受锅炉进气温度 t_{g_0} 的影响，而它随柴油机改进的技术条件、环境条件、工作负荷或者其他因素的特性而变化。最终烟气温度下降直接影响了余热利用系统的效率，首先就是产汽量 ξ。由于在低温区域传热效率下降的影响，导致整个热力过程产汽量下降。锅炉水流速下降 $\xi \times (1 + k_{rec})$，对省煤器复杂受热面的需求降低，这也导致了烟气的利用热量 Δh_{g_3} 下降。同时，为了保证 $t_{g_{exh}}$ 为给定值的条件，锅炉蒸发器部分也应该扩大(参见图 5.3)。为了更清楚地说明这个问题，假设过热度 $\chi = 0$，即没有过热器，可得

$$t_s + x_1 = t_{g_0} \times (1 - k_E) - t_{g_{exh}} \tag{5.4a}$$

　　从式(5.4a)可知，蒸发器后的烟气温度是决定烟气温差幅值的主要因素。t_{g_3} 由两部分组成：第一部分是饱和蒸汽温度 t_s，其对应于蒸汽压力 p_s；另外一个是被称作窄点温差的 x_1，它代表着蒸发器受热面尺寸 z_1。在蒸汽压力和温差 x_3

为定值时，k_E 的值也保持不变。通过改变锅炉进口烟气温度 t_{g_0}，需要调整窄点温度，使 $\Delta x_1 = \Delta t_{g_0} \times (1 - k_E)$。当蒸发器尺寸无限大时，窄点温差趋向于 0，即 $\lim\limits_{z_1 \to \infty} x_1 = 0$，但是，相对且必要的 x_1 下降会导致蒸发器尺寸的迅速增加。从式(5.4a)可以得到另一个表达式，它反映了锅炉出口的烟气温度：

$$t_{g_{exh}}^{min} = t_{g_0} \times (1 - k_E) - (t_s + x_1) \tag{5.4b}$$

式(5.4b)揭示了蒸汽压力和能够达到的最高排气温度差之间的函数关系。由于实际产汽量与烟气温差成正比（参见式(5.1)），因此烟气温度差就会对省煤器和过热器尺寸产生直接影响，且随着 Δt_g^Σ 的降低，即 t_{g_0} 的减少，省煤器和过热器尺寸都会呈下降趋势（参见图5.3）。

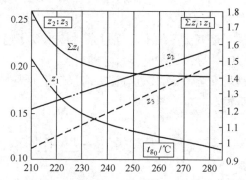

图 5.3 在 $t_{g_{exh}}$，x_3，p_s 为常数时，进气温度对余热锅炉表面分布的影响

5.2.5 接近点温差的影响

出于锅炉安全性考虑，接近点温差被限制在 $x_3 = 15℃$，但仍可通过余热利用系统的温控阀来调整它的值，并且保证为正值。首先，通过适当地增大余热锅炉中省煤器部分来降低接近点温度，但这也减少了蒸发器中省煤器部分，即 $\partial \Delta h_3 / \partial x_3 > 0$，从而导致蒸发器受热面减少（参见图5.4）。在可接受的预定条件下，当其他循环特性保持不变，即 p_s，t_{g_0}，$t_{g_{exh}}$，$\chi \cdots$ 保持不变，接近点温度就不会对过热

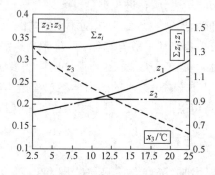

图 5.4 接近点温度对余热锅炉换热面分配的影响

器的尺寸以及锅炉产汽量 ξ 产生影响。由于锅炉中省煤器部分比蒸发器部分有更高的传热效率,因此可以保证锅炉受热面总体尺寸的减小。另一个好处就是余热锅炉烟气阻力 $\sum P_{gi}$ 的下降,有利于主机的安全稳定运行。

5.2.6 结论

(1)对于先进低速柴油机动力装置,在进口烟气温度 t_{g0} 较低的情况下,如果需要优先保证余热利用系统能达到最高输出效率,那么采用温度损失 Δt_g^Σ 固定的方法很有价值。

(2)为了得到合理的最高输出功率,蒸汽过热度推荐值 $\chi \leqslant 0.9$;锅炉受热面的相对优化分配就有 $z_1 = 1.000 \sim 1.04$;$z_2 = 0.200 \sim 0.210$;$z_3 = 0.190 \sim 0.200$。进一步提升 χ,需要针对具体案例具体分析。

(3)余热锅炉进口烟气温度的下降反过来对传热效率也产生影响,这进一步强化了蒸发器的影响并导致锅炉整体尺寸的增长。

(4)尽管出于锅炉安全考虑,接近点温差有最低值的限制,但是降低接近点温度有助于提高经济性。

5.3 蒸汽压力选择的一些相关事项

5.3.1 引言

尽管在前面的章节中对蒸汽压力的选择已经作了全面的讨论,然而在利用低品位的排气热量时,为了保证动力装置运行的可靠性和最小锅炉尺寸(如高度)的高效性,就需要对其他方面进行研究。因此,当余热锅炉进口烟气温度大幅降低时,在合理的受热面尺寸下获得较高的热量利用率就要保持尽可能低的压力值。同时,压力的选择要考虑市场上现有的汽轮机型号;低潜热消耗的设计技术参数也应考虑在内,其决定了余热利用系统可接受的蒸汽压力范围。因此,为了保障相关设备(换热器、涡轮等)的效率及可靠运行,p_s 应该尽可能高,同时要兼顾它们的尺寸。如前所述,所有进气温度、冷却率、蒸汽压力和锅炉尺寸都是相互关联的。因此,从前面提到的方面考虑,对不同的情况以及设计条件应该找出最高的可接受蒸汽压力。余热利用系统的效率取决于余热锅炉利用的温度差 $t_g = t_{g0} - t_{gexh}$。如果进气温度 t_{g0} 是主机类型和运行条件的特性参数,那么烟气冷却温度 t_{gexh} 将会由锅炉受热面尺寸及锅炉给水的热力学参数决定。在给定烟气温度差的条件下,锅炉相对产汽量可以由式(4.2)或者式(4.5)计算(见第4.2节)。

5.3.2 主要分析方程

蒸发器受热面无限大时,窄点温差 $x_1 \to 0$,即 $\lim\limits_{z_1 \to \infty} x_1 = 0$ 或者 $\lim\limits_{z_1 \to \infty} t_{gs} = t_s = t_s^0$。

理论上,在没有过热器且窄点温差为0时,可得最高的产汽量为

$$\xi^0 = (t_{g_0} - t_s) \times \overline{c_g} \times \eta_{al} / \Delta h_s = (t_{g_0} - t_{g_{exh}}) \times \overline{c_g} \times \eta_{al} / (\Delta h_s + \Delta h_e) \tag{5.6}$$

在 $\overline{c_g}$ 为常数时,式(5.4)和式(5.6)变换后,可得

$$t_{g_{exh}} = t_{g_0} \times [1 - (k_e)^{-1}] + t_s^0 \times (k_E)^{-1} \tag{5.7}$$

式中:t_s^0 是最高压力 p_s 下所能达到的饱和温度;系数 k_E(参见5.1节),$p_s^0|_{x_1=0}$ 可通过其对应的饱和温度查出:

$$t_s^0|_{x_1=0} = t_{g_0} \times (1 - k_E) + t_{g_{exh}} \times k_E \tag{5.8}$$

系数 k_E 总是正值,但小于 $1.0(k_E < 1.0)$;在本节考虑的条件下,当相关热量关系在 $\Delta h_e' / \Delta h_s \approx 1/6 \sim 1/5$ 范围时,就有 $k_E \approx 0.83 \sim 0.86$。$\overline{k_E}$ 取其平均值,式(5.7)就可以简化为

$$t_{g_{exh}} = t_s^0 \times 1.19 - t_{g_0} \times 0.19 \tag{5.7a}$$

式(5.7a)反映了任何压力改变都对烟气冷却率有直接的影响,而进口烟气温度的增长则会有相反的影响,但作用较小,即 $\partial t_{g_{exh}} / \partial t_s^0(t_s) > |\partial t_{g_{exh}} / \partial t_{g_0}|$。因此,饱和温度为

$$t_s^0|_{x_1=0} = t_{g_0} \times 0.16 + t_{g_{exh}} \times 0.84 \tag{5.8a}$$

对应的函数关系为 $\partial t_s^0(t_s) / \partial t_{g_{exh}} > \partial t_s^0(t_s) / \partial t_{g_0}$。由式(5.7a)和式(5.8a),可以得到以下结论。

(1) 通过适当降低蒸汽压力可以进一步提高烟气冷却率。

(2) 此时,进口烟气温度的升高会导致 p_s 的小幅上升。

(3) 理论上最高的烟气冷却率由蒸汽压力决定,而蒸汽压力与蒸发器尺寸有关,在蒸发器尺寸趋于无穷大时,蒸汽压力达到最大,即 p_s^{0MAX}。

(4) 实际情况下,饱和温度比对应于合理蒸发器尺寸下的窄点温差要低,有 $x_1 = f(z_1)$;因此,实际蒸汽压力也会比理论上低,这和余热锅炉的技术特性也有关,即 $p_s^{0MAX} > p_s^{max} = p_s^{0MAX} - f_{\Delta p}(x_1)$。

5.3.3 进出口烟气温度的影响

在特定的临界条件下,即 $x_1 = 0$ 时,只有余热锅炉的省煤器部分会对利用率或者 p_s 有决定性的影响。因此,进口烟气温度的上升就保障了锅炉产汽量的增加(参见式(4.5)和式(5.6))。但在初始不变的蒸汽压力 $p_{s_1}^{0MAX}$ 下,出口烟气温度将会有下降的趋势,即 $\partial t_{g_{exh}} / \partial t_{g_0} < 0|_{p_s=const}$,这是由于利用热量的适当增加 $\Delta h_{g3} = \xi^0 \times \Delta h_e' / \eta_{al}$,式(4.5)和式(5.7)得出 $\Delta h_{g3} = (t_{g_0} - t_{s_i}^0) \times \overline{c_g} \times ((k_E)^{-1} - 1)$,印证了出口温度的下降(参见图5.5)。为了保证 $t_{g_{exh}}$ 保持不变,需要采取一些措施将压力升高到 $p_{s_{i+1}}(t_{s_{i+1}})$(参见图5.5)。通过式(5.8)得 $t_{s_{i+1}} - t_{s_i} = \delta t_{s_i} = \delta \Delta t_g \times$

$(1 - k_E)$，其中 $\delta t_{g_i} = t_{g_0}^{i+1} - t_{g_0}^i$ 代表锅炉进口烟气温度的变化量。为了简化本节的结论，在小偏差 $p_s(t_s)$ 下，系数 k_E 的影响可以忽略。那么，由于进气热量潜能增加，额外增加的热量 $\delta \Delta h_{g_i} = \delta \Delta t_{g_i} \times \overline{c_g} \times \eta_{al}$ 就会在蒸发器和省煤器受热面上按如下情况进行分配。

省煤器：$\delta \Delta h_{g_3} = \Delta h_{g_3}^{i+1} - \Delta h_{g_3}^i = \delta \Delta t_{g_i} \times (1 - k_E) \times \overline{c_g} \times \eta_{al}$；

蒸发器：$\delta \Delta h_{g_1} = \Delta h_{g_1}^{i+1} - \Delta h_{g_1}^{i+1} = \delta \Delta h_{g_1}^i \times k_E = \delta \Delta t_{g_1} \times k_E \times \overline{c_g} \times \eta_{al}$。

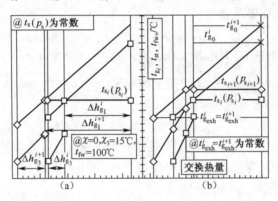

图 5.5　在进气温度升高时交换热和温度关系表

可以看出，蒸发器利用了额外增加热量的最大部分，但是伴随着压力上升，由于相关蒸发热量下降导致 k_E 有下降趋势。因此，得出函数关系式 $p_s^{0MAX} = f(t_{g_0})$，且变化率为 $\partial p_s^{0MAX} / \partial t_{g_0} > 0, \partial^2 p_s^{0MAX} / \partial (t_{g_0})^2 >$（参见图 5.6）。出口烟气温度 $t_{g_{exh}}$ 对蒸汽压力的影响与进气的类似（参见式(5.8)和式(5.8a)），但依赖关系更加明显（参见图 5.7）。$t_{g_{exh}}$ 的任何增加带来锅炉省煤器部分的利用热下降；之后，压力相应自动上升，即 $\partial p_s^{0MAX} / \partial t_{g_{exh}} > 0, \partial^2 p_s^{0MAX} / \partial (t_{g_{exh}})^2 > 0$，在 x_3 保持不变时也一样。

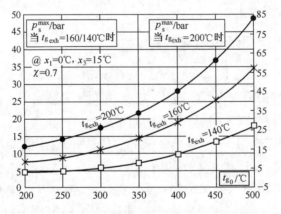

图 5.6　当 $t_{g_{exh}}$ 为常数时，蒸汽压力选择与 t_{g_0} 的关系

118

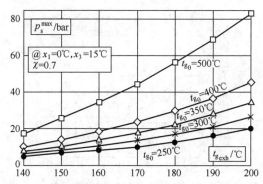

图 5.7 当 t_{g_0} 为常数时,蒸汽压力选择与 t_{gexh} 的关系

5.3.4 过热器的影响

实际情况下,过热器是标准余热锅炉中要求必须配备的部分,因此也应该考虑它对过热度 χ 产生的影响。考虑到过热器的重量因素 k_G(式(5.3)),相对产汽量 $\xi = \xi^0 \times k_G$。这种情况下最高能达到的蒸汽压力为

$$t_{s_\chi}^0|_{x_1=0} = t_{g_0} + (t_{g_0} - t_{gexh}) \times [1 - k_G \times (1 - k_E)] \tag{5.9}$$

当 $\chi \approx 0.7 \sim 0.9$ 时,$\Delta h_{st}/\Delta h_s$ 的平均取值为 $\Delta h_{st}/\Delta h_s \approx 1/8 \sim 1/6$,因此系数 k_G 比较接近但小于 $1(k_G < 1.0)$,相应的 $\xi < \xi^0$。由于产汽量的减少,省煤器中能利用的热量减少,即 $\partial \Delta h_{g_3}/\chi < 0$,结果导致锅炉出口的烟气温度上升。因此,为了保证 t_{gexh} 为定值,就有必要降低蒸汽压力(参见图 5.8),以便补偿蒸汽过热度 χ 引起的锅炉输出量 ξ 减小。

综上所述,过热器的存在对提高最高蒸汽压力 $p_{s_\chi}^{0MAX}$ 产生了相反的影响;随着 χ 的增大,函数关系 $p_{s_\chi}^{0MAX} = f(\chi)$ 有明显下降的趋势,并且具有以下特性:$\partial p_{s_\chi}^{0MAX}/\chi < 0, \partial^2 p_{s_\chi}^{0MAX}/\chi^2 > 0$(参见图 5.9)。

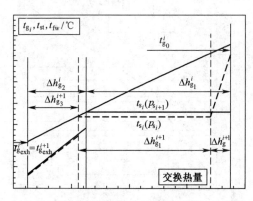

图 5.8 当加装过热器时,换热量与温度的关系

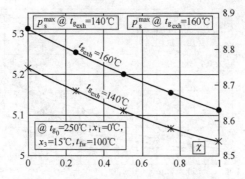

图 5.9　过热度对蒸汽压力选择的影响

5.3.5　接近点温差的影响

在保持安全运行的基础上,可以通过在部分负荷下调节给水温度来控制接近点温差,下面讨论接近点温差 x_3 的影响。这么做从安全的角度来看也相当实用,即在低负荷时,可能通过升高给水温度 t_{fw} 来降低尾部受热面的酸腐蚀风险。因此,通过相应地增大省煤器,有可能将接近点温度 x_3 降低到可接受极限,即 15℃以下,但大于 0℃,这样随着减小蒸发器中的省煤器部分来获得热量的提高 $\Delta h'_e$(参见第 4.3 节式(4.7)):

$$\Delta h_s = r_s + (1 + k_{rec}) \times \overline{c_w} \times x_3 \tag{5.10}$$

这样就能保证产汽量的增长,即 $\partial \xi / \partial x_3$(参见式(4.5)和式(5.6))。最后,接近点温度的减小对进一步的烟气冷却有更大的影响,因为省煤器从排气利用的热量直接取决于两个量值,即 $\Delta h_{g3} = \Delta h'_e \times \xi$(参见图 5.10)。为了保证烟气冷却率不变,通过增加蒸汽压力的办法来降低可利用热量,即 $\partial p_s^{0MAX} / \partial x_3 < 0$, $\partial 2 p_s^{0MAX} / \partial (x_3)^2 > 0$(参见图 5.11)。

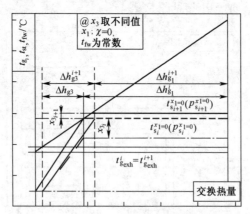

图 5.10　不同接近点温度下,换热量-温度图

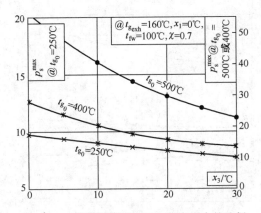

图 5.11　不同接近点温度下,蒸汽压力的选择

5.3.6　给水温度的影响

为了避免尾部受热面的酸腐蚀,给水温度 t_{fw} 应尽可能高;同时考虑到锅炉受热面尺寸,又要求此值应尽可能低。实际上管壁温度 t_{steel} 正是酸腐蚀的限制性因素,也由烟气温度来决定。因此,随着主机负荷水平的变化,烟气温度也随之变化。在 t_{g_0} 和 t_{gexh} 较低的情况下,当烟气温度达到最低值时,发生酸腐蚀的概率最高。因此,管壁温度应该保持较高的水平,可以通过调整再循环阀门开度提高给水温度来实现(参见图 5.12)。同时,当主机负荷水平很高时,给水温度 t_{fw} 可能会降低,这就在不增加酸腐蚀的情况下,提高了烟气冷却度。因此,基于以上的建议,效率参数和余热利用系统的有效性在主机持续负荷 MCR_s 很高时就需要考虑,这在非正常工况下是很好的运行方式。当在一定的 MCR_s 下,选择较为安全的给水温度 t_{fw}^S,便有可能减小温度 T_{fw}^R(曲线 A_0^{fw} 到曲线 B_0^{fw})对主机负荷水平的直接影响。因此,烟气冷却可以从不同 MCR 下的安全和效率角度进行优化。这条所谓的酸腐蚀烟气冷却线(ERCL) t_{fw}^R(A_0-B_0 线),其斜率比(线 t_{gexh})小,在固定给水温度时对应的是线 $A_0^{fw}-B_0^{fw}$(参见图 5.12)。这种优化方式保障了余热利用系统在常用负荷下可以产生更多的动力输出,即使在可控运行风险下,任何短缺都可能会造成很大的影响。这里已经得出研究的必要性,那么给水温度对压力选择的影响就有进一步研究的必要。t_{fw} 值的增加使得再循环水量 k_{rec} 也随之提高,这样使得蒸发器中省煤器部分 Δh_s 上升(参见式(4.7))以及蒸汽产量的下降(参见式(4.5)和式(5.6))。由于省煤器部分利用的热量 Δh_{g3} 下降,导致锅炉效率降低,省煤器部分利用的热量 Δh_{g3} 下降,并且省煤器出口烟气温度升高。尽管系数 k_{rec} 的增加会使得产汽量上升到初始较低的排气温度 t_{gexh}(参见图 5.13),但蒸汽压力却降低。基于以上考虑,函数关系 $p_s^{0MAX}=f(t_{fw})$ 可以根据 $\partial p_s^{0MAX}/\partial t_{fw}<0$ 和 $\partial^2 p_s^{0MAX}/\partial(t_{fw})^2<0$ 求解(参见图 5.14)。

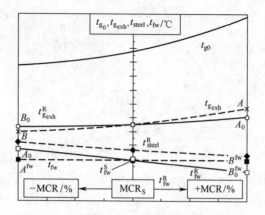

图 5.12　在不同的主机 MCR 下的温度改变

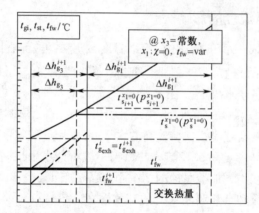

图 5.13　在不同的锅炉给水温度下,换热量-温度图

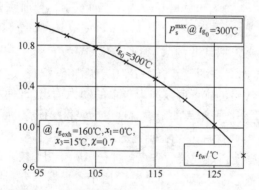

图 5.14　在不同的锅炉给水温度下,蒸汽压力选择

5.3.7　特定锅炉实际工况分析

蒸汽压力 $p_s^{0\text{MAX}}$ 是对应于无限锅炉尺寸下的理论值,尤其是对于蒸发器而

言,有 $\lim\limits_{z_1\to\infty} x_1 = 0$。实际上,当锅炉安装好之后,窄点温差总是正值,即 $x_1 > 0$;相对来说,锅炉和蒸发器利用的热量都会减少,即 $t_{g_s} = t_s + x_1 > t_s$,这样就导致产汽量降低 $\Delta\xi = x_1 \times \overline{c_g} \times \eta_{al} / (\Delta h_{st} + \Delta h_s)$。最终,省煤器热焓 Δh_{g3} 下降且烟气温度 $t_{g_{exh}}$ 也下降(参见图 5.15)。因此,为了保证烟气冷却率不变,蒸汽压力相应降低,以保证产汽量 ξ 增加;这使省煤器的单位重量热量以蒸发器为代价得到了升高。受热面尺寸的进一步减小,首先是蒸发器部分减小,导致窄点温差的上升,影响蒸汽压力水平的关系为 $\partial p_s^{MAX} / \partial x_1 < 0$,$\partial^2 p_s^{MAX} / \partial (x_1)^2 > 0$(参见图 5.16)。在 t_{g_0},$t_{g_{exh}}$,p_s,x_1,x_3,t_{st} 可接受的条件下,锅炉受热面尺寸便可以确定(参见图 5.17)。尽管对带有螺旋翅片管型号为 KYP-3100 锅炉的加热管数量已知,但是基本规律都是适用的。窄点温差 x_3 的降低加速了锅炉受热面的增大;蒸发器受热面首先增大,伴随着相应压力的增大(参见图 5.16)。

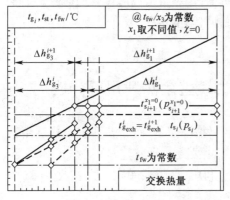

图 5.15 在不同 x_1 下,换热量和温度关系

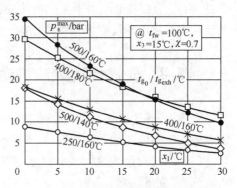

图 5.16 窄点温度对蒸汽压力的影响

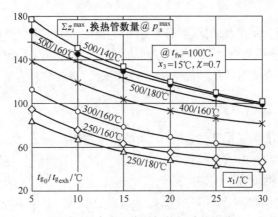

图 5.17 窄点温度对锅炉尺寸的影响

为了保证蒸汽过热度 χ 和温差 x_3 不变,相应过热器和省煤器尺寸都需要不同程度地增大且与产汽量增长相匹配(参见式(4.5)和式(5.6))。同时,锅炉受

热面之间的相互优化在别的章节已经进行了较为详细的论述。

5.3.8 结论

（1）当运行蒸汽压力达到推荐值（$p_s \geq 7\text{bar}$）时，最低出口烟气温度 $t_{g_{exh}} = 160℃$ 的目标就有可能实现，而且通过增大余热锅炉受热面的方法可以使烟气冷却率接近极限值。

（2）在锅炉进口烟气温度较低时，要么蒸汽压力需要降低，要么出口烟气温度会升高。由于动力装置运行 $p_s < 7\text{bar}$ 时会出现问题，要么降低蒸汽产量，要么并联辅助锅炉。

（3）为了保证进一步利用排烟热量，使出口烟气温度 $t_{g_{exh}} < 160℃$，引入双压余热锅炉的余热利用系统更实用，效率也更高。

（4）还有一点超过本章研究范围的内容，是对给水温度因素的研究。结论是：控制 t_{fw} 的必要性取决于主机负荷或者排气温度水平，或者二者同时兼顾，从安全性和效率的角度看来是很有用的。

5.4 先进低速柴油机动力装置余热利用可行性

事实上，先进低速柴油机余热利用可行性比较低。进一步研究余热利用系统以应用于实际船舶动力装置，以下情况都需要逐一研究。

（1）通过对余热锅炉最大的烟气热量利用，保障船舶在电力和低潜热（饱和蒸汽）方面的需求。

（2）有效利用循环冷却水热量对锅炉给水加热及提供低潜热，代替并减少饱和蒸汽的消耗。

（3）考虑到上面提及的问题，评估船舶主机（先进低速柴油机）负荷水平和航行区域（环境条件）在电力和热量方面的用量需求就变得十分重要。

（4）通过研究就有可能预测电力/热量短缺的有效弥补方法。

5.4.1 主要输入条件

余热利用系统保证排气热量利用，系统由余热锅炉组成，锅炉产生过热蒸汽驱动汽轮发电机发电以满足船舶需求。饱和蒸汽用于低潜热使用装置，如燃油预热器、燃料舱、供暖等。锅炉内最低蒸汽压力建议应不小于 7bar，以保证重油（IFO380）在发动机进口前良好的预热。前面已提及，由于排气热量的低潜热性，应当尽可能多地利用这部分热量，同时要保证将排气出口温度降到最低，即 $t_{g_{exh}} \geq 160℃$。锅炉给水温度可以通过恒温调节阀再热给水循环的方式加热到 $t_{fw} \geq 120℃$，这样既满足安全运行条件又有效利用了排气余热。但是，当通过缸套冷却水（$t_{cyl} \approx 80℃ \sim 90℃$）或者扫气（$t_{syl} \approx 105℃ \sim 110℃$）或者二者同时利用预热给水时，给水温度 $t_{fwp_{II}} \approx 100℃$。此时，可以通过减小锅炉用于恒温调节阀给水再热循环的水量 k_{rec} 至 3.6 来进一步提高余热利用系统效率，增加蒸汽的输出量。为了减小饱和蒸汽的消耗 ξ_{sat}，通过冷却水热量替代饱和蒸气热量。通过对低潜热使用设备的分析，发现它们可以分成两组[30,70,118,148,149]。

（1）与环境条件无关的热量消耗。

① 主机进口燃油的预热，这部分可以通过饱和蒸汽来完成，因为加热温度高达 $130℃ \sim 150℃$。

② 分离器进口燃油的预热，可以通过利用涡轮增压器扫气热量来完成，因为加热温度只有 $70℃ \sim 90℃$。

③ 分离器进口润滑油的预热，温度要求较低，即不大于 $70℃$；因此，可以通过涡轮增压器的扫气甚至缸套冷却水的热量来完成。

（2）与环境条件有关的热量消耗。

① 燃料油箱等；

② 日用油柜；

③ 供暖、洗衣用热水等。

当需要消耗与环境条件有关的热量时，可以用缸套冷却水或者涡轮增压器扫气的热量来提供。当然，这种利用方式肯定会使得热交换系统变得复杂（参见图 5.18），需要额外投资以及电力供应。简而言之，要实现通过余热回收利用提高船舶动力装置效率（汽轮发电机输出功率增加）的目标，包括以下步骤。

（1）余热锅炉利用排气热量，通过汽轮发电机供电和提供低潜热。

（2）通过下面的方法预热给水，温度从 $50℃$ 提高到 $100℃$。

利用缸套冷却水将温度提高到 $70℃$，从而保证涡轮输出功率的额外增长达到 ΔNe_{TG}^3；

利用涡轮增压器空气冷却水将温度提高到 $100℃$，这可以降低锅炉中省煤器部分，并提高使锅炉蒸汽量和涡轮的功率输出值 $\Delta Ne_{TG_{\Delta t}}^{1/c}$。

（3）通过用冷却水（缸套 $\Delta \xi_{sat}^{cyl}$ 和涡轮增压器 $\Delta \xi_{sat}^{1/c}$）热量代替饱和蒸汽消耗，其使用量相应减少 $\Delta \xi_{sat}^i$（参见图 5.18），结果可获得额外的涡轮发电机输出功率 ΔNe_{TG}^{cyl} 或 $\Delta Ne_{TG_{\xi}}^{1/c}$。最后，饱和蒸汽消耗会相应降低，$\xi_{sat}^0 = \xi_{sat} - \Delta \xi_{sat}^{cyl} - \Delta \xi_{sat}^{1/c}$，其中 ξ_{sat}^0 为保证主机在使用重油时正常运行所需的最低蒸汽消耗量。

这种很完善的系统称为综合余热利用系统（CWHRS）。基于以上考虑，需要讨论以下几个方面的内容。

（1）由于排气和冷却水热量利用带来的效率提高。

（2）环境条件（$t_{s/w}$ 海水温度和 t_a 环境空气温度）对主机输出参数（排气温度 t_{g_0} 和总量 G_{g_0}）和低潜热消耗的影响很大。

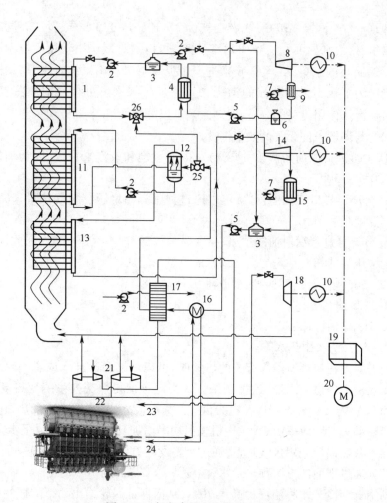

图 5.18　复杂余热利用系统方案图

1—热水器;2—输水泵;3—水箱;4—水-有机工质换热器;5—工质加压泵;6—有机工质储液罐;
7—冷凝器输水泵;8—有机工质汽轮机;9—水-有机工质冷凝器;10—发电系统;11—高温蒸发器;
12—高温蒸发汽包;13—高温过热器;14—汽轮机;15—水-水冷凝器;16—缸套水换热器;
17—双段空冷器;18—动力涡轮;19—船舶电站;20—输出马达;21—增压系统;22—尾气排气口;
23—压缩空气入口;24—缸套水进出口;25—三通分配阀;26—混温阀。

（3）主机(先进低速柴油机)类型对排烟温度(t_{g0})、烟气排量(G_{g0})和工作负荷的影响。

（4）电力和热量短缺的确定和补偿方法。

5.4.2　电能的有效利用

综合余热利用系统的主要效率指标是汽轮发电机的输出功率,尤其是综合余热利用系统的利用程度。当然,本节首先感兴趣的是综合余热利用系统获得最大的输出功率。热量/电力供给有足够的安全余量,并考虑到设备受磨损和冲击影响,保证在不同负荷和环境条件下,系统能够离线运行。同时,频繁的热量/电力短缺工况存在,应采取有效的补偿措施。一旦缺少恰当的技术资源,可能会导致综合余热利用系统无法正常运行,最后损失掉本应该得到利用的这部分能量。因此,只是对这部分能量的有效利用,就意味着整个船舶航行过程中,可以对任何短缺进行有效补偿。尽管上面的问题可能是最重要的,但分析和比较是如何有效地补偿热量/电力供应短缺属于利用过剩热量/电力的问题,不是本文研究的核心,但如果没有提及这个问题并给出可行方案,这里的研究工作反而会变得不完整。因此本节会简单地介绍几种解决方案。同时,电力的消耗水平也应该明确,它和环境条件、船型以及装配不同的设备都有关系。本次研究动力装置的主题是电力短缺,最有效且最常见的方法就是在系统(参见图 5.19)中加入辅助锅炉并且在余热利用系统运行过程中将它用作汽包。当蒸汽压力低于某一最低限值时,燃烧器就会启动来保持发电机所需要的额外蒸汽。考虑到排气中氧气占的比例约达 16%,因此就有可能安装额外的补燃燃烧器,在"K. Ciolkovskis"船中已经采用了这种设备,并达到了 SO_x 和 NO_x 的限制要求[82]。随着热量/电力短缺升级,辅助锅炉作为补充可能会失效,因此,与柴油发电机并联运行是另一种可行方案,主要有两种方式。

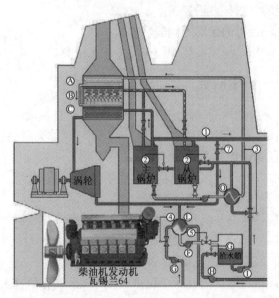

图 5.19　余热利用系统和辅助锅炉平行布置的船体动力装置

(1) 与相同功率的柴油机并机运行。这种安排简化了建造阶段电力装置的复杂程度,也方便以后的运行和维护;但是即使在低水平的短缺情况下,这样的负荷分配在柴油机和汽轮机间可利用能量不能完整使用,从而人为地降低综合余热利用系统的效率。

（2）与低输出功率的柴油机并机运行,即所谓的峰值发动机。可能的汽轮发电机电力短缺水平需要根据不同范围的因素进行评估,例如,主机负荷水平、环境条件;柴油峰值发动机类型的选择应保证在尽可能长的航行时间内安全并机运行。在这个方案中,柴油发动机与汽轮机同时运行线是静态的;单独运行时,柴油机的调节器应该重新调整。同时,为了节省柴油机发电力装置的初始投资和维修费用,峰值发动机输出功率应保证在某些条件下正常运行。例如在船舶空载或者特殊的负荷条件下,与柴油发电机等正常并机运行。无论如何,对发动机作相同的修正总是恰当的,因为除了初始投资,不会增加别的费用,这样就保证了维修费用保持在最低的水平。

另外一种方式是利用同轴发电机和汽轮发电机并机运行,有不同的布置安排[49,75,110,118,148]。烟气旁通涡轮增压器也是一种有效的解决方案,无论燃油消耗率是否会下降,该方案都能够增加余热锅炉进口烟气温度。在建造阶段,这种高效的涡轮增压器可以换成传统的涡轮增压器。如果余热锅炉需要,可以调整燃烧室需要的压缩空气以提高排气温度。这样,发动机与涡轮增压器系统的配合就可以调制,将排气温度提高20℃。这种调制可以将排气量降低7%~8%,但也会带来燃油消耗率增加到2.719g/(kW·h)的副作用[70,74]。同时,也可能找到减小电力消耗的办法。方法如下。

（1）维持主机运行的泵的不同安装方式;

（2）引入中间斗式海水换热器的中央冷却系统布置。

5.4.3　系统方案研究

本节研究了综合余热利用系统的排气和冷却水,即缸套水和增压的空气在高温级的冷却热量(参见图5.18)。这样复杂的组合(综合余热利用系统和高温级)伴随着高投资和高维修费用,但它也保障了动力装置总体效率最高。在某些情况下,这种形式的升级组合在经济方面不具有吸引力,尤其是对现役的船舶;因此,给出以下方案可供比较选择。

（1）"综合余热利用系统和涡轮增压器高温级空气热量(CWHRS + HTS (+ t/c 空气))"的组合,当在特定环境条件下达到最高的汽轮发电机输出功率 Ne_{TG}^1 时,主机负荷水平和最低的饱和蒸汽消耗要求为 ξ_{sat}^0。

（2）"综合余热利用系统(CWHRS)",当只有排气和缸套冷却水的热量得到利用时。热量消耗设备4、5、6通过缸套冷却水就能满足要求,这样饱和蒸汽消耗量能降低 $\Delta\xi_{sat}^{cyl}$,即 $\xi_{sat} - \xi_{sat}^{cyl}$,同时在热井出口的给水温度也可预热至70℃。因此,汽轮发电机输出功率 Ne_{TG}^2 比第一种方案低。

（3）"余热利用系统+70℃(WHRS + 70℃)",当缸套冷却水只用于加热给水温度至70℃时。即使对现役船舶,这样的改进方案也很容易实现,汽轮机输

出功率等于 Ne_{TG}^3。

（4）"余热利用系统（WHRS）"，只利用排气的热量，发电机的输出功率 Ne_{TG}^0 最低，但投资也最少。

从上述方案的系统效率，如主机冷却水的利用程度，可以通过它与汽轮发电机输出功率的相对值来表示，即 $K_{\Delta\eta} = (Ne_{TG}^{1,2,3} - Ne_{TG}^0)/Ne_{TG}^0 \times 100\%$。这种分类方式不仅考虑了系统的复杂性，而且考虑了实际情况，即环境条件和主机负荷水平对冷却水的可用热量和热量消耗设备的需求有很大的影响。因此，在某些运行条件下，CWHRS+HTS（+t/c 空气）将只需要简单的余热利用系统。

5.4.4　环境条件和主机负荷水平影响

本节的研究主要考虑了以下 3 种环境条件：ISO 环境条件、B&W 环境条件和北欧环境条件，它们基本反映了所有的航行区域和时间[30,70,118]。

（1）ISO 环境条件下，海水温度与环境空气温度相等，即 $t_{s/w} = 27℃$，$t_a = 27℃$。研究显示 28%～37%的航行时间是在这种气候带里，它的烟气温度较高，热量消耗也少（饱和蒸汽，冷却水热量）。不过由于空调运行导致电力的消耗较高。

（2）所谓的 B&W 环境条件下，海水和空气温度分别为 $t_{s/w} = 18℃$，$t_a = 27℃$，对应于温带的夏季。平均的航行时间达到 30%～38%。由于主机烟气温度基本依赖于环境，因此 t_{g_0} 下降到-15℃左右，而烟气量略微上升约+3%。

（3）北欧环境条件下，对应于温带的秋季和春季，温度较低：$t_{s/w} = 10℃$，$t_a = 10℃$。平均总航行时间约占 10%。

主机负荷水平对排气参数也有很重要的影响，尤其是排气量，因此，按照运行经验，60%最大连续输出功率（MCR）工况是可接受的最低负荷水平。主机修正的影响通过进气温度的不同水平表现出来，本节的研究中也考虑了这个问题，找到了一些共同的规律。当船舶在温暖的海域航行时，低潜热的需求最低，但它的提供量却是最高的。尽管如此，在主机所有工作负荷范围内，即从 60% 到 100%MCR，低潜热消耗设备类型如 B4、5、6 均可以只由缸套冷却水提供热量。涡轮增压器空气冷却水是下一个重要的可利用热量，它更多地依赖于主机负荷水平和环境温度条件。本节发现通过综合余热利用系统和高温级组合（CWHRC+HTS）产生的电力与主机输出/修正和负荷水平有关（参见图 5.20（a）和图 5.20（b））。尽管 ISO 条件对维持最高的汽轮发电机输出功率是最好的，但是为了保证综合余热利用系统和高温级组合（CWHRC+HTS）在主机最大连续输出功率 80%负荷水平下自主运行，主机输出功率必须为 15～20MW，即 $Ne_{ME}^{ISO} \geq 15MW$。在 B&W 条件下，主机功率 $Ne_{ME}^{B\&W}$ 大于等于最小值 18MW（不同机型，在 18～25μW 范围内）。因此，通过选择在具体最大连续输出功率下的主机额定输出，当符合 $Ne_{TG} > Ne_{el}$ 条件时，可以获得由汽轮机提供的足够的电力和热量，余热锅炉和冷却水的热交换占总航行时间约 50%~80%。北欧环境条件下,备用辅助锅炉可以保证汽轮发电机自主运行时,在不小于主机最大连续输出功率 80% 负荷水平下(≥80%MCR),主机输出功率的最低要求高达 $Ne_{ME}^{Nord} \geqslant 18MW$。受到主机输出功率和负荷水平的影响,平均电力消耗短缺占 50%~70%,因此,与柴油发电机并机运行工作是一种较好的解决方案。高温级运行的复杂性可以通过下面的函数关系来描述(参见图 5.21(a)和图 5.21(b))。考虑到涡轮增压器空气冷却水的热量与主机负荷水平和航行区域有很大关系,因此得出以下结论。

(1)高温级不能为类型 A2、3 提供足够的热量,因此,当主机负荷低于以下几种情况时,需要稍微增加饱和蒸汽的消耗且减少动力收益 $\Delta Ne_{TG_\xi}^{cyl}$。

- 在 ISO 条件下约为 72%MCR;
- 在 B&W 条件下约为 76%MCR;
- 在 B&W 环境条件下约为 83%MCR(参见图 5.21(a))。

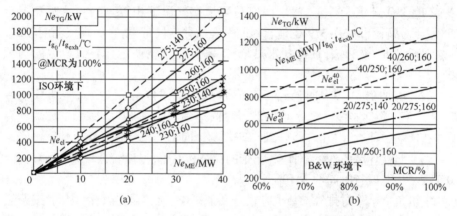

图 5.20　综合余热利用系统涡轮发电输出功率与主机输出功率/修改级、负荷水平的关系
(a)ISO 环境条件;(b)B&W 环境条件。

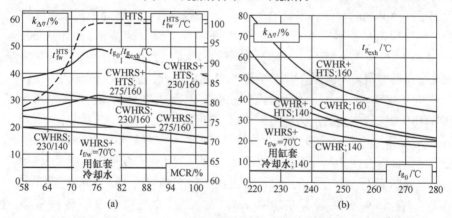

图 5.21　B&W/北欧环境条件,对于不同主机改进与烟气冷却率,考虑到复杂冷却热回收系统
(a)B&W 环境条件下热效率与负荷等级的关系;(b)北欧环境下热效率和进气温度的关系。

（2）随着主机负荷水平的进一步降低，没有足够的热量将给水加热到设计温度；结果导致相应的汽轮机动力输出下降 $\Delta Ne_{TG_{\Delta t}}^{Vc}$。在不同的环境条件下，临界最大连续输出功率分别列出如下：

- 对于 ISO 约为 67.5%MCR。但在约 60%MCR 时，当温控阀之前的给水温度将下降到 90℃；
- 对于 B&W 约为 73%MCR。但主机负荷水平的进一步下降，将伴随着高温级后的相关冷却水温度的下降，在 60%MCR 时，冷却水温度降至约 80℃，给水预热温度也是如此；
- 在北欧环境下约为 79%MCR。随着涡轮增加器高温级空气冷却水温度的下降，在 68%MCR 下约为 70℃，这时冷却水的利用关闭。

根据上面的结论，与余热利用系统不同参数有关的组合效率输出 $K_{\Delta\eta}$ 可以描述如下（参见图 5.21（a）和图 5.21（b））。

随着主机负荷水平的降低，$K_{\Delta\eta}$ 有上升的趋势，原因如下。

（1）由于其直接依赖关系，排烟驱动涡轮发电机的输出功率 Ne_{TG}^{0} 部分下降。

（2）低潜热消耗设备需求没有变化。

（3）与涡轮增压器空气冷却水中可利用的热量与主机负荷有着直接的关系。

（4）当主机负荷水平低于某一特定值时，由于 HTS 的关闭，系数 $K_{\Delta\eta}$ 有上升的趋势，导致了动力损失 ΔNe_{TG}^{Vc}，或者增加了相近的值，这个值是两个值的差，即 $Ne_{TG}^{1}-Ne_{TG}^{2}=Ne_{TG}^{Vc}$。同时，由于 HTS 中饱和蒸汽消耗被代替和给水加热，这部分动力的增加包含两个部分，即 $\Delta Ne_{TG}^{Vc}=\Delta Ne_{TG_{\xi}}^{Vc}+\Delta Ne_{TG_{\Delta t}}^{Vc}$。

（5）在某些负荷水平下"CWHRS+HTS（+t/c 空气）"转换为只有综合余热利用系统运行或者加上部分 HTS 投入运行。

（6）随着进气温度的降低，因排烟减少，汽轮发电机功率 ΔNe_{TG}^{0} 下降，导致冷却水的特性 $K_{\Delta\eta}$ 上升（参见图 5.21（b））。在保证更大的烟气冷却率即排烟温度 $t_{g_{exh}}$ 下降时，会有相反的结果。

当船舶驶进环境温度较低的区域时，由于烟气组分受到温度影响很大，因此，$K_{\Delta\eta}$ 有增大的趋势。其平均净增长 $K_{\Delta\eta}$ "CWHRS+HTS（+t/c 空气）"的构成如下。

① 对于 ISO 约为 25%～34%；

② 对于 B&W 约为 35%～40%；

③ 对于北欧的环境条件则为 45%～50%。

由于 HTS 的独特性，$K_{\Delta\eta}$ 在所处航区较冷时，对装载负荷水平变化的反映特别明显。基于以上数据，要达到综合余热利用系统自主运行，主机额定输出功率由装载负荷和进气温度决定（参见图 5.22（a）和图 5.22（b））。这些数据对于新建动力装置的运行起到十分重要的作用,具体情况如下。

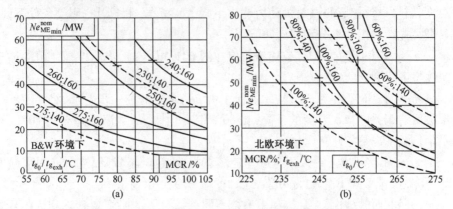

图 5.22　当只用 CWHRS+HTS 满足船体的热和电需求时,
B&W/北欧环境条件和不同的烟气冷却率
(a)主机最低的额定输出功率与主机负荷的关系;(b)主机最低的额定输出功率与进气温度的关系。

① 约达到 85%MCR,主机会有一个轻微的增加量 $Ne_{ME_{min}}^{nom}$。

② "CWHRS+HTS" 运行高效、可靠。

③ 但是当装载负荷水平低于 75%MCR 时,"CWHRS+HTS" 效率的下降就占支配地位。

④ 同时,进气温度 t_{g_0} 下降到约 255℃。

⑤ 高效综合余热利用系统,MCR 和 t_{g_0} 的下降,显然是最坏的方案。

5.4.5　不同船舶贸易路线综合余热利用系统效率

以上关于环境条件对余热利用系统效率影响的评估,对在役船舶不是很完善,这是因为实际情况下船舶是在不断航行的,从一个港口到另一个港口,这个过程中环境温度是在不断变化的。例如,船舶从鹿特丹驶到蒙特利尔(加拿大),在 20/30 天的早春季节航程中,空气的温度会从 +10℃ 变化到 -20℃。根据长期的观测,海水与周围空气的温度年平均差通常是只有 1~2℃,也就是 $t_{s/w} - t_a =$ 1~2℃[140]。根据这个结论,在不同主机温度(t_{g_0})的修正方案、装载负荷和额定输出功率下,可以建立汽轮发电机输出功率与海水温度的函数关系 $Ne_{TG}^1 = f(t_{s/w_t})$(参见图 5.23)。这样,就可以研究特定主机及船型在每条具体贸易路线下的综合余热利用系统的适用性。通过长期观察,可以估算具体航行过程中海水一年内平均温度 $\overline{t_{s/w}}$ 与相对航行时间 τ_{t_n} 存在的函数关系:

$$\overline{t_{s/w}} = f(\tau_{t_n})$$

式中:$\tau_{t_n} = \sum_{\Delta t_{min}} a_i / S$ 为在特定海水温度区域内的相对航行时间;Δt_{min} 为在临界范围内海水的温度波动;a_i 为海水温度波动在 Δt_{min} 范围之内的航行时间(距离)

内;S 为一次航程中的总航行时间(距离)。

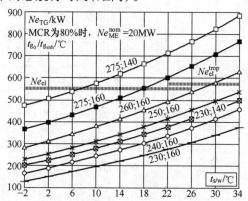

图 5.23　不同的主机输出功率、MCR 和改变下,CWHRS+HTS
汽轮发电机输出功率和年平均温度的关系

　　假设所有低潜热消耗设备是单靠主机冷却水的热或者余热锅炉的饱和蒸汽维持的,那么可以推导出汽轮发电机输出功率与相对航行时间的详细函数关系,即 $Ne_{TG}^{1,2,3} = f(\tau_{t_n})$。

　　综上可得以下结论。

　　(1)当汽轮发电机(余热利用系统)处于离线工作模式时,来定义总航行时间。

　　(2)通过估计汽轮发电机产生的电能的短缺量 $Ne_{TG}^{1,2,3}$ 及持续时间,就可以找出弥补能量缺陷最有效的办法。

　　(3)最终保证动力设备的设置最优化,如辅助锅炉和柴油发电机的选择。

　　下面对以下几条贸易航线进行研究。

　　① 波罗的海——加勒比海(中美洲)(参见图 5.24);

　　② 波罗的海——几内亚湾(非洲中部西海岸);

　　③ 黑海——加勒比海(中美洲);

　　④ 黑海——几内亚湾(非洲中部西海岸)(参见图 5.25);

　　⑤ 黑海——非洲附近的日本港口(参见图 5.26);

　　⑥ 黑海——途经苏伊士运河到达日本港口;

　　⑦ 波罗的海——圣劳伦斯湾;

　　⑧ 黑海——意大利港口(参见图 5.27)。

　　这些强化方案覆盖了所有航行区域可能的温度变化,得到的结果也可以轻松地应用到其他航线上。通过图 5.24~图 5.27,本文可以估计在一次航行中电能储备是不足还是富余。下面对主机额定输出与改进方案进行比较,因为依据这些参数,总航行时间的分布会有非常明显的分布。随着主机额定输出功率 $Ne_{ME_{MIN}}^{nom}$ 小于等于最大值 20MW(不同机型,在 15~20MW 范围内)、负荷 MCR 小

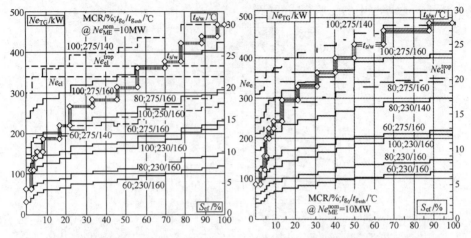

图 5.24　CWHRS 和 HTS 的年平均汽轮
发电机输出与贸易线路的航海时间，
波罗的海——加勒比海（中美洲）

图 5.25　CWHRS 和 HTS 的年平均汽轮
发电机输出与贸易线路的航海时间，
黑海——几内亚湾（中非西海岸）

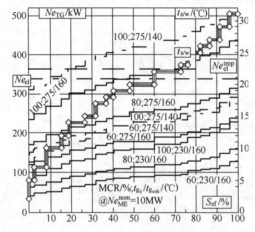

图 5.26　CWHRS 和 HTS 的年平均汽轮发电机输出与贸易线路的航海时间，
黑海——日本在非洲的港口

于等于最大值 85%（不同机型，在 80%~85% 范围内）时，只能保证在总航行时间
S_{ef} 的 10%~50% 内，CWHRS+HTS 具有最佳独立运行性能，这对所有航行路线基
本相似。以上所提出的所有如何有效弥补电力短缺的可行措施都依赖于主机改
进。当额定输出功率 $Ne_{ME_{MIN}}^{nom} \le 12MW$、负荷 MCR 小于等于一定值（一般在 75%~
80% 范围内）时，只能用一种方案弥补电力短缺，即汽轮发电机与低负荷的柴油
发电机并机运行，这也是多种方案中可行的最优方案。

对于主机输出功率 $Ne_{ME_{MIN}}^{nom}$ 大于最小值（一般在 25~27MW 之间）的动力装
置而言，在 MCR ≈ 80% 下，电力短缺持续时间就下降到了总航行时间 S_{ef} 的

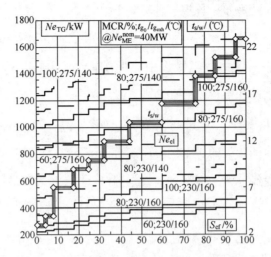

图 5.27 CWHRS 和 HTS 的年平均汽轮发电机输出与贸易线路的航海时间，
黑海——意大利港口

30%~40%；这部分损失很小，可以很轻松地通过辅助锅炉额外的蒸汽供给或者其他等效方案来解决，而无需安装另外的柴油发电装置。

对于主机输出功率 $Ne_{ME_{MIN}}^{nom}$ 大于等于最小值 27MW（不同机型，在 27~30MW 范围内）、MCR≈80% 的动力装置而言，"CWHRS+HTS" 可以保证整个航行时间内持续的电力供应，其锅炉进气温度 $t_{g_0}^{ISO} \geq 250℃$。任何电力短缺都可以在没有柴油发电机的情况下得到补偿。上面的结论除了以下两条需要特殊考虑的路线之外都适用。

第一条是波罗的海——圣劳伦斯湾航线，它的特点不仅是海水/空气温度最低，而且环境相当恶劣，在 Bofort 级之后，风力达到 5~6 级是非常频繁的自然现象，这就意味着船舶需要在主机负荷水平较低的条件下航行以避免过载。另外，推进装置不稳定，尤其是在压载航行中螺旋桨经常浮出水面，余热利用系统的运行就变得不可能。因此，对于安装大功率主机的大船，如集装箱船、罗罗船型等，引进余热系统后，经济效益会更好。

第二条是黑海——意大利港口航线（参见图 5.27），其航行时间很短，同时由于环境温度较低，在港口装卸货物时，主机处于很长的空闲状态，但整年运行较为稳定。因此，在主机输出功率在不小于 15~16MW，MCR=80% 的条件下，CWHRS+HTS 可以满足船用电力和热量的需求。

通过对上述航线的总结，整个航行中海水的平均温度 $\overline{t_{s/w}^{S_j}}$ 可以通过以下公式估算：

$$t_{s/w}^{S_j} = \sum_{i=1}^{n} t_{s/w_i} \times a_i / S^{\Sigma}$$

前面所列航线的海水平均温度估算如下。

①波罗的海——加勒比海（中美洲）（参见图 5.24）：$\overline{t_{s/w}^{S_j}} = 19.85℃$；

②波罗的海——几内亚湾（非洲中部西海岸）：$\overline{t_{s/w}^{S_j}} = 17.23℃$；

③黑海——加勒比海（中美洲）：$\overline{t_{s/w}^{S_j}} = 22.80℃$；

④黑海——几内亚湾（非洲中部西海岸）（参见图 5.25）：$\overline{t_{s/w}^{S_j}} = 22.10℃$；

⑤黑海——非洲附近的日本港口（参见图 5.26）：$\overline{t_{s/w}^{S_j}} = 18.93℃$；

⑥黑海——途经苏伊士运河到达日本港口：$\overline{t_{s/w}^{S_j}} = 26.90℃$；

⑦波罗的海——圣劳伦斯湾：$\overline{t_{s/w}^{S_j}} = 9.63℃$；

⑧黑海——意大利港口（参见图 5.27）：$\overline{t_{s/w}^{S_j}} = 14.98℃$。

由海水温度$\overline{t_{s/w}^{S_j}}$也可以计算出环境空气温度$\overline{t_a^{S_j}}$，它们可以作为整个航行过程中重要的效率指标，但船型、贸易特点等也会影响主机负荷，从而对效率产生很大影响。尽管如此，通过这些温度，可以给出一些规律性的结论，如图 5.28~图 5.31 所示。当不同贸易线路上 CWHRS+HTS 都满足船体对电能和热能的要求时，航行时间与年平均水温、主机负荷的关系如图 5.28 和图 5.29 所示。不同贸易航线上，CWHRS+HTS 满足船体对电能和热能的要求时，航行时间与主机输出功率、进气温度的关系如图 5.30 和图 5.31 所示。

这样，有效时间 S_{ef}^{aut} 的百分比，即保障 CWHRS+HTS 自主运行的时间，与不同主机修正的温度 t_{g_0}、额定输出功率 Ne_{ME}^{nom} 和负荷水平的函数关系 $S_{ef}^{aut} = f(t_{s/w})$ 如图 5.28 所示。如上所述，综合余热利用系统的有效运行对主机负荷水平非常敏感（参见图 5.30），因为实际航行中，将在 MCR 降到 80% 以下，所有的航线的 S_{ef}^{aut} 值也会加速下降。同样，当主机额定输出功率降低到某一极小值 $Ne_{ME}^{nom/crit}$ 时，余热利用系统的自主运行的有效时间也开始明显下降；在运行条件内，这个值大约为 $Ne_{ME}^{nom/crit} \leqslant 18MW$。在考虑余热利用时，主机改进方案应当谨慎考虑，因为进气温度下降到 $t_{g_0} \leqslant 250℃$（参见图 5.31），可能会导致使用综合余热利用系统的有效性下降。基于以上给出的结果和结论，最终可以得出保证

CWHRS+HTS 自主运行的最低海水温度 $t_{s/w}^{min} = f\begin{pmatrix} Ne_{ME}^{nom} & t_{g_0} \\ t_{g_{exh}} & MCR \end{pmatrix}$（参见图 5.32）。

在船舶建设阶段，为已知航线选择主机参数，图 5.23 非常有用。实际上，这是一张 100% 时间内提供电能和热能的图。但在其他条件下，例如，只有 80% 的时间需要通过综合余热利用系统来为船舶提供电能和热能，就会存在其他函数关系。

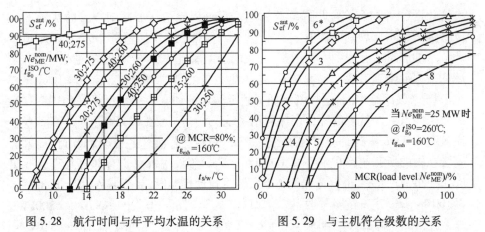

图 5.28　航行时间与年平均水温的关系　　　图 5.29　与主机符合级数的关系

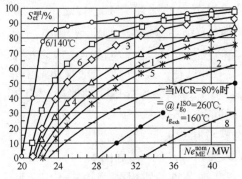
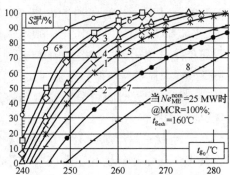

图 5.30　当不同贸易线路上 CWHRS 和 HTS　　图 5.31　航行时间与进气温度的关系
都满足船体对电能和热能的要求时,航行时间
与主机输出功率的关系

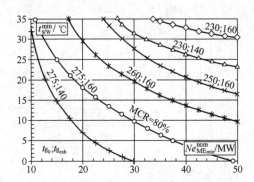

图 5.32　当 $Ne_{TG} > Ne_{el}$ 和 MCR = 80% 时,最低蒸汽海水温度

5.4.6　综合余热利用系统最优化实例

　　基于以上数据,可以对整个服役期间如何管理系统设备以获得最高效益的
具体实例进行检验。可能会出现这种情况:发动机长时间工作负荷处于所谓效

率变化区(A~B 区)(参见图 5.33),这个区域涡轮增压器冷却空气的热量不足以将锅炉给水加热到设计值。实际运行中,经常由人工通过打开进口/出口阀来调节水的流量。考虑到人为因素,现代船舶上船员数量减少,很有可能在这个区域内效率会降到最低。也就是说,温度发生变化,警报响起后,轮机操作员会通过 HTS 来关闭给水阀,这样既增加了额定循环饱和水消耗量也将 CWHRS+HTS 的效率降低到同常规的综合余热利用系统一样(参见图 5.33A_{ef}~B_{ef}行)。为了高效利用 A~B 区这部分可利用的热量,有必要安装额外的自动调节阀门,包括安装在内的所有花费在 800~1500 美元之间。假设主机总是有部分时间运行在 MCR=76% 的水平,也就意味着如果安装了自动控温阀,就会有 $\Delta k_{\Delta\eta}$ = 6.32% = 35.60% - 29.28% 的额外收益。例如,如果汽轮发电机输出功率 Ne_{TG} = 800kW,那么绝对收益 ΔNe_{TG} = 800kW × 6.32% = 50.56kW。对于油耗率 SFOC ≈ 0.200kg/(kW·h) 的柴油发电机,结果可以节省的油耗为 10.112kg/h。实际上,当船舶进出港口时,由于不同原因,例如,贸易、航路或者其他一些原因,主机很可能降低负荷运行。按惯例来说,进出港口的时间都不会低于 12 小时(参见图 5.34)。通常一般航程是 17~20 天,而主机只有一天的时间处于低负荷工作状态。船舶服役时间可分为航行和停定两部分,如果停靠码头的时间约为 30 天,船舶的服役期间为 25 年,则总航行时间是 2.5×365-30 = 882.5 天,每年是 352 天,也就是每年航行 18~21 次;这也就意味着每年船舶动力装置有 18~21 天会工作在综合余热利用系统效率不稳定的 A~B 区(参见图 5.34)。IFO380 的价格是 250~300(LS180) 美元/公吨,每年净节省的费用在 2530~3030 美元,相应投资回收时间仅仅只有半年。同时,尽可能延长综合余热利用系统的自主运行时间比这些节省更重要。进一步提高 SEPP 的安全运行,需要考虑汽轮发电机输出功率应超过要求的标准,即 $Ne_{TG}>Ne_{el}$,这意味着制定动力安全标准要将额外能源考虑在内。建议引入电能安全上限 U_{SLel} 和下限 L_{SLel},有 $U_{SLel}>L_{SLel}>Ne_{el}$。因此,在达到"A"点的区域后(从右到左,称为可靠性降低区 PZRR)(参见图 5.35),综合余热利用系统自主运行变得不再安全,需要采取一些预防措施。

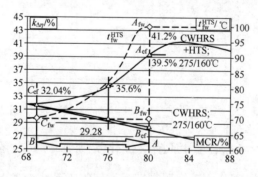

图 5.33 CWHRS 设备确保最高实际输出功率的可能性

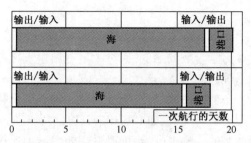

图 5.34　最终海上航行分布（单次航行天数）

当船舶运行到"B"区时,就必须启动备用能源与汽轮发电机并机工作,也就是从辅助锅炉供应额外蒸汽,或者和柴油发电机一起工作产生额外动力。实际上,根据本文研究得到的结果,对于在建和在役船舶,有很多种方法和途径解决这个问题,除了前面提过的措施外,其他需要考虑的措施如下。

1. 硬件方面

（1）额外能源的正确和最优选择（参考上面）。

（2）安装警报,当达到安全警戒线 U_{SLel} 和 L_{SLel} 时,进行提醒。

（3）将软件与硬件在电力控制单元中结合起来,防止一些装置在没有事先的准备时自启动。

（4）如之前已经考虑过的,在多变效率区引入自控阀门可以增加发电量（参见图 5.35 优化的综合余热利用系统线）,并且减少在 $A \sim B$ 区的航行时间。

2. 软件方面（运行中）

（1）编制 $A \sim B$ 区船舶安全运行的技术说明（参见图 5.35）。

（2）编制何时选择哪一种额外的动力投入运行的指南。

（3）专用的设备,如润滑油和燃油分离器等,设备不用时可以关闭一段时间,尤其是在 $A \sim B$ 区运行时,这样就既减少了电力消耗也设置了安全标准 U_{SLel} 和 L_{SLel}。

（4）关掉一些不必要的设备减少饱和蒸汽的消耗。

（5）向船舶操作员详细阐明（3）和（4）条的操作说明手册。

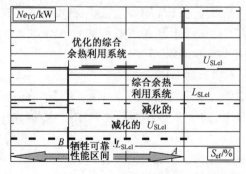

图 5.35　电力装置和 CWHRS 安全建造和调节图

139

5.4.7 总结

（1）由于排气热力学参数的降低，通过大量利用主机冷却水的热量可以进一步提高余热利用系统的效率。

（2）考虑到运行条件的不同以及经济性，每一部分的余热利用程度可能会有所不同。余热利用的最终形式，如 CWHRS+HTS，当所有低热消耗装置和给水的预热都只通过冷却水的热量来供给，可以保证效率增加达到 $k_{\Delta\eta} = 20\% \sim 60\%$（参见图 5.21）。

（3）除了提高热效率，本研究任务的核心是只通过综合余热利用系统来满足船舶对电力和热量的全部需求。因此，当发现船舶运行由于各种因素导致的电力或者热量的短缺时，如何弥补电力和热量短缺的有效可行方法都需要认真考虑。

（4）不仅主机功率和负荷水平会直接影响（CWHRS+HTS）的效率，环境状况引起的排烟参数变化也会对其产生影响（参见图 5.20 和图 5.21）。因此，将船舶航行路线调整到温暖的区域，综合余热利用系统的独立运行将更加可靠。尽管如此，当主机额定输出功率达到 $Ne_{ME}^{crit} \geqslant 15 \sim 18MW$ 时，或者在更寒冷的区域达到 $Ne_{ME}^{crit} \geqslant 28MW$ 时，在 MCR $\leqslant 80\%$ 时，船舶的电力以及热量的供应也可以完全由综合余热利用系统提供。

（5）HTS 的效率特性与环境温度以及主机 MCR 负荷有很大的关系。因此，效率的提高需要根据以下列出的几点认真考虑。

① HTS 不能提供足够的可利用冷却热供给 A2、A3 型消耗装置，因此，当主机负荷水平在 ISO 环境条件下低于 72%MCR，B&W 环境条件下低于 76%MCR，北欧环境条件下低于 83%MCR 时，饱和蒸汽的消耗会略有上升且动力增加量 $\Delta Ne_{TG_\xi}^{crit}$ 降低。

② 随着 MCR 负荷进一步减小，HTS 不能提供足够的热量来将给水加热到设计温度，这样就导致汽轮机功率 $\Delta Ne_{TG_{\Delta t}}^{crit}$ 减少到下一个临界负荷水平。

- 在 ISO 环境条件下为 67.5%MCR，但是在 MCR $\approx 60\%$ 时，温控阀之前的给水温度下降到 90℃。
- 在 B&W 环境条件下为 73%MCR，但是主机负荷水平进一步降低，使得在 HTS 之后的冷却水温度在 60%MCR 时下降到 80℃，给水的预加热温度也一样。
- 在北欧环境下为 79%MCR，HTS 之后的冷却水温度在 68%MCR 进一步下降到 70℃，此时涡轮增压器 HTS 被关闭。

（6）随着余热锅炉之前进气温度 t_{g0} 的下降，在不同的主机改造方案以及不同的涡轮增压器类型下，综合余热利用系统+HTS 供应船舶电力和热量的能力大幅下降。

（7）（综合）余热利用系统热效率在不同航线下的探讨，有利于找到电力热力短缺时，装置的最优化安装方案，使得投资最低和高可靠性运行时间较长。

140

第6章 现役动力装置污染系数的决定因素

烟气侧污染系数 ε 不仅是传热效率的重要特性参数,也是影响安全持久运行的因素。灰分沉积过高,容易使尾部受热面经常暴露在严重的酸腐蚀环境下,这导致了锅炉区域损坏且严重降低了余热利用系统的总体效率。对燃煤锅炉这方面的研究较为充分,然而船舶余热锅炉的研究却很少。其中,污染系数由通过热平衡方程和对流传热方程 $Q = k \times F \times \Delta t_{log}$ 得出的传热系数 k 间接得出。因此,通过分析与实验研究,这里试图建立:

(1)基于实验结果是否能得出不同于现有的污染系数;

(2)得到结果的准确性;

(3)实验研究的可行改进方法。

为了解释并理解实验结果,本章节会详细描述把其他对主锅炉的研究修正之后应用到余热锅炉上的一些现象。

6.1 烟气侧污染系数的本质

污染系数 ε 的形成,根据烟气温度可以分为两类:一是高温污染,当烟气温度 $T_g > 600K(327℃)$;二是低温污染,当 $T_g \leq 600K(327℃)$ [4,47,58,107,112,125]。对于余热锅炉,低温因素是主要影响,而高温因素主要影响到先进燃气轮机作为动力装置主机的过热器区域。影响灰分沉积的主要物理因素如下。

(1)传热的影响,当烟气由高温部分流向低温盘管时。

(2)碱性混合物在相对"较冷"的受热面上在化学反应作用力下(形成硫酸盐和其他物质的过程)的冷凝。

(3)黏性力——管子表面颗粒的凝聚力(黏合过程),由分子间相互作用力构成,包括静电和毛细作用。由于冷凝物(H_2O,H_2SO_4)的黏性薄膜,这种力得到了加强。

(4)由分子间引力形成的凝聚作用。

按照粒子结合形式和沉积层之间的机械强度,沉积物可分为粉状物、凝聚粉状物、高黏物和熔渣。对余热锅炉来说经常是前两种,最后一种并不常见。凝聚粉状灰尘往往引起的问题最大,这些灰分的形成受到化学反应力和高黏特性的影响。灰分形成速度表现为两个过程的叠加 $g = g_1 + g_2$,其中 g_1 代表中性微粒的形成速度;g_2 代表活性粒子的形成速度,即有黏性性质的部分。微粒及粉尘的脱落速度与烟气速度成正比,分别对应图6.1中线1、3,而函数关系2、4代表着灰分受颗粒研磨的损耗。由于两个相反的影响,最终使得灰分形成速度 g、g_1、g_2 取决于烟气速度(参见图6.2)。烟气中中性微粒占主要部分,尤其是在柴油机作为主机的余热锅炉中,因此,g_1 比 g_2 高很多。但是在某些例子中,当柴油机在低负荷下连续工作时,未燃烧的燃油可能会使 g_2 增大很多,这也可能会导致严重的安全运行问题(余热锅炉起火)。最高的沉积强度是在速度等于 w_0^{crit} 时,最大的部分是由中性微粒造成的(参见图6.2),但不足以引起磨损。因此,当速度增加到临界值 w_1^{crit} 时,微粒沉积很快消失直到灰分中只含有黏性颗粒,即 $g=g_1+g_2$,当 $g_1=0$ 时,$g=g_2$。进一步提高速度,这部分黏性颗粒会自动脱落;当烟气速度达到 w_2^{crit} 时,锅炉受热面将不会有灰分,即 $g=0$。同时,烟气中充满了不同的颗粒,在速度大于临界值($w>w_2^{\mathrm{crit}}$)时,锅炉受热面没有灰分沉积,但管子会暴露并磨损,因此,排烟速度也不能无限增大。先进低速柴油机作为船舶主机时,余热锅炉进口温度可以低至 $t_{g0}=250\,℃\sim320\,℃$,而采用四冲程柴油机或者燃气轮机做为主机时,可以高达 $t_{g0}=400\,℃\sim500\,℃$,但是锅炉出口温度会降到 $t_{gexh}=180\,℃\sim160\,℃$,因此,余热锅炉各部位灰分的组成也不一样。

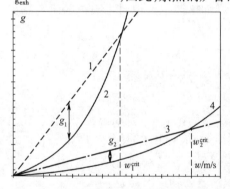 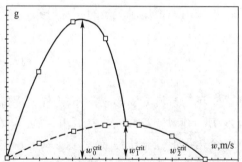

图6.1　不同烟气流速下,灰堆积形成原理　图6.2　灰沉积强度与烟气流速关系及临界流速

6.2　燃油对灰分沉积的影响

尽管船用重油 IFO-380 灰分特别低,从 $A^{\mathrm{P}}=0.04\%\sim0.10\%$ 到 $A_{\mathrm{MAX}}^{\mathrm{P}}=0.15\%$,含硫 $S=3.5\%\sim5.0\%$ 和其他矿物成分相对较高时,会使黏性颗粒 g_2 在余热锅炉的过热器和蒸发器部分沉积较多。主要的矿物成分有钠、硅、钙、镁、钒、铁(Na、Si、Ca、Mg、V、Fe);还有少量的镍(Ni)。高含量的 Na 和 V 导致燃油灰分的熔点特别低,反过来它又促进了 Na 和 V 在相对温度较低的管子表面的冷凝,这样具有黏性特征的烟灰也增加,即 g_2 增大。在高温管壁上灰分沉积是由化学反应形成的 $Na_2O+V_2O_5+SO_3$,占了燃油中矿物质的 $60\%\sim80\%$。活性粒

142

子沉积对传热系数 k_i 和锅炉烟气阻力 ΔP_g 起主要影响。错排布置的锅炉较容易沉积烟灰,可以通过增加相应管束中管子间距来解决[27,60,100,104,108,114]。

6.3 低 温 影 响

余热锅炉绝大部分受热面的温度低于327℃,即 $T_g \leq 600K$,因此决定了烟灰的低温污染。由于灰分中活性颗粒的腐蚀,造成管子上的沉积铁 Fe 含量增加(高达38%),导致了更厚且更黏的灰层,尤其是横向管壁上。可溶的沉积灰分,主要由不同金属的硫酸盐组成(凝结水中也含),而不可溶的部分全部是有机物。每一种沉积物中都有硫酸 H_2SO_4,随着受热面温度降低,其含量会增加。对于错列布置的管束余热锅炉,烟灰主要在正对烟气流动方向的管子前后表面(参见图6.3)和湍流旋流区域沉积。错列布置管束大大减小了管子之间的烟气通道,尤其是紧凑错列布置类型的,沉积烟灰的厚度迅速增长填满管子之间的间隙。随后烟气速度不断增加,直接影响到相关锅炉烟气阻力,甚至可能影响到烟灰沉积的增长速度。阻力 ΔP_g 上升,在低温区域尤甚,导致管子灰层进一步沉积。久而久之,导致受热面出现死区。烟灰沉积的分布受到温度和燃油的共同影响,余热锅炉基本也是如此(参见图6.4)。通过总结上面所有对管子灰分沉积的主要影响因素,展现出积灰现象的复杂因果关系(参见图6.5)[14,62,66,92,94,112,117,119,123,136,137,143,145]。翅片管子积灰原理基本一致,但翅片之间的空间闭塞易受到中性颗粒的影响。在这种情况下,不但管子基底面的传热效率受到影响,翅片面部分也一样。另外,翅片面将会遭受更多的磨损和腐蚀,这导致翅片管受烟灰沉积的影响比同样布置特点的光管大。最后,以上内容对余热锅炉作了修正应用,它不仅反映了研究对象的复杂性,也使得人们意识到应该继续深入研究如锅炉受热面类型、翅片密度、燃油种类等不同因素对污染系数 ε 的影响。同时,在本章节的实验部分会给出总的平均系数 ε 和每一个受热面的 ε_i。

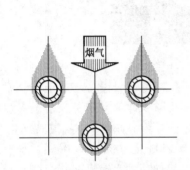

图6.3　余热锅炉管束表面积灰形式

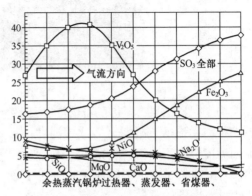

图6.4　主辅锅炉管束表面积灰的成分

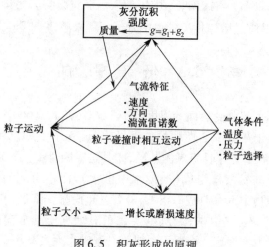

图 6.5　积灰形成的原理

6.4　实验的准备

实验是在一艘速度高达 25 节的"斯米尔诺夫船长"型滚装船上进行的。安装的是燃蒸联合循环类型 COGAS(参见图 4.1),总输出功率为 36MW,双螺旋桨推进作为船舶推进装置(参见图 6.6)。安装的余热锅炉为 KYP-3100,它是带有螺旋翅片管的方形布置结构。在本章节的研究中,发现污染系数 ε 与燃蒸参数有间接关系。

图 6.6　"斯米尔诺夫船长"型滚装船

为了保证结果有足够的可信度,实验选用了高精度测量设备。对于烟气温度的检测无论是 t_{g_0} 还是 $t_{g_{exh}}$,水银温度计和 Cu-Ni 温度计都采用了。由于锅炉截面温度分布不均匀,在锅炉内部每隔一段距离设置了几个温度计;本章节在每个测点处设置了 3 个不同插深的温度计,分别为 150mm,300mm,450mm。对锅炉不同水温的测量 t_{fwp},t_{fw} 和蒸汽温度 t_s,t_{st},这里使用的水银温度绝对精度达到±0.1℃。为了测出蒸汽压力 p_s,p_{st} 和给水/锅炉水压力 p_s,p_e,采用了级别为

0. 15~0. 50、测量范围分别为 0~15bar,0~25bar 压力表。测量设备的精度为
0. 03%~0. 13%。排气 G_g 和相关蒸汽量,即汽轮机 G_{ST}、汽轮发电机 G_{STG}、低潜
热饱和蒸汽消耗 G_{sat}、喷射量 G_{eject} 和总量 G_{KYP},与压降不直接相关,压降是通过
经校准的水/水银 U 形管压力计测量得到的。测量仪器精度在 0.5 级,发现气
流消耗的均方误差(RMSD)在 0.5%~1.2%,0.95 置信度的 RMSD 占 1.0%~
2. 4%[50,122,124]。当置信度 α=0. 95 时,烟气质量精度在 1.3%~3.5%。本节研
究中也发现烟气量与压缩机和环境条件有一定的关系,其详细图表 $G_g=f(n_{TC})$
由一些研究机构详细做了出来(由圣彼得堡 Krilov 命名的 CNMIF 和 CNII),结果
同本节一致。为了得出空气过量系数 α_{air},用烟气分析仪测量排气的化学成分
CO_2,O_2,CO。测量设备的精度在 0.1%~0.2%。燃油消耗量 G_f^r 由流量仪测出。
获得温度和密度就可以预测出燃油的消耗量 G_f^m,最终得出锅炉的烟气量测量
值,即给定环境条件下 $G_g=f(G_f^m,\alpha)$。

6.5 实 验 测 量

根据上面描述的测量原则,下面的主要参数都是在 HRC(参见图 6.7)和整
体动力装置平稳运行时进行测量的。根据实验结果(参见表 6.1~表 6.3),通过
联立每个受热面热平衡和传热方程得出缺失的参数,如省煤器 3、蒸发器 1 和过
热器 2 为: $G_g\times\Delta h_g\times3600=k_i\times F_i\times\Delta t_{log_i}$。相关尺寸由锅炉的技术参数得出,分别
为 $F_1=1925m^2$,$F_2=268m^2$,$F_3=1178m^2$。锅炉内烟气利用的总焓值由测量的温
度直接决定 $\sum\Delta h_{g_i}=f(t_{g_0}-t_{g_{exh}})$,而对于每个受热面来说,基于方程 $\Delta h_{g_i}=\xi_i\times$
$\Delta h_i/\eta_{al}$ 求出,相对蒸汽量和测量的烟气量成反比,即 $\xi_i=G_{steam_i}/G_g$。当计算出各
个受热面的焓降 Δh_{g_i} 后,各自的温度 t_{g_i} 就根据 $h_{g_i}=h_{h_{i+1}}-\Delta h_{g_i}$ 和过量空气系数得

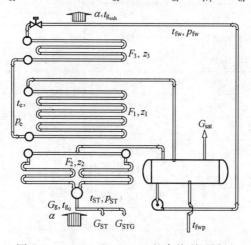

图 6.7 Kapitan Smirnov 上的余热利用循环

出(参见式(3.1)和式(3.11))。通过代入直接和间接测量值,烟气污染系数可由以下的方程求出:

$$k_i = 1/(1/(w \times \alpha_{l_i}) + \varepsilon_i + d/d_i \times 1/\alpha_{2_i}) = (G_g \times \Delta h_{g_i})/(F_i \times \Delta t_{\log_i})$$

锅炉各个部分的平均污染系数如下:

- 过热器:$\varepsilon_2 = 0.884 \times 10^{-3} (m^2 \cdot K)/W$ $(0.752 \times 10^{-3} (m^2 \cdot ℃ \cdot h)/kcal)$;
- 蒸发器:$\varepsilon_1 = 2.988 \times 10^{-3} (m^2 \cdot K)/W$ $(2.543 \times 10^{-3} (m^2 \cdot ℃ \cdot h)/kcal)$;
- 省煤器:$\varepsilon_3 = 2.290 \times 10^{-3} (m^2 \cdot K)/W$ $(1.949 \times 10^{-3} (m^2 \cdot ℃ \cdot h)/kcal)$。

对于 KYP-3100 型余热锅炉,其平均污染系数由具体受热面的热效率求得,即 $\overline{\varepsilon}_{KYP-3100} = \sum_{i=1}^{3} (\Delta h_{g_i} \times \varepsilon_i)/\sum_{i=1}^{3} \Delta h_{g_i}$;当每个受热面的近似热效率为 $\overline{\Delta h_{g_1}} = \Delta h_{g_1}/\sum_{i=1}^{3} \Delta h_{g_i} \approx 0.7079$, $\overline{\Delta h_{g_2}} = \Delta h_{g_2}/\sum_{i=1}^{3} \Delta h_{g_i} \approx 0.09576$, $\overline{\Delta h_{g_3}} = \Delta h_{g_3}/\sum_{i=1}^{3} \Delta h_{g_i} \approx 0.19636$ 时,它可以简化为 $\overline{\varepsilon}_{KYP-3100} = 2.650 \times 10^{-3} (m^2 \cdot K)/W$ $(2.255 \times 10^{-3} (m^2 \cdot ℃ \cdot h)/kcal)$。由实验得出的平均污染系数 $\overline{\varepsilon}_{KYP-3100}$ 和计算值有一点误差,$\overline{\varepsilon}_{PROJ} = 2.35 \times 10^{-3} (m^2 \cdot K)/W$ $(2.0 \times 10^{-3} (m^2 \cdot ℃ \cdot h)/kcal)$,是因为实验用油重油 MGO 比理论上用的 DMA 类型的用油等级要低。

另一个有趣的结果是锅炉每个受热面的 ε_i 都不相同。过热器受热面的值最低值,这是因为燃油的中灰分较低,V、Na 以及其他成分在图 6.4 所示区域的温度范围内影响灰分沉积;并且由于烟气温度较高增加了区域速度 $w_2 > w_1 > w_3$,也加强了沉积物的腐蚀(参见图 6.1、图 6.2)。

表 6.1 余热利用循环实验结果(1)

选择	1	2	3	4
测 量				
$G_{ST}/(kg/h)$	15288	15849	16074	21704
$G_{STG}/(kg/h)$	4048	4114	3936	0
$G_{sat}/(kg/h)$	2000	2000	1620	2000
$G_{eject}/(kg/h)$	250	250	250	180
$G_{KYP}/(kg/h)$	21586	22213	22080	23884
P_s/bar	11.3	12.1	11.8	14.6
P_{ST}/bar	10.1	10.6	10.8	13.7
P_e/bar	14.3	15.0	14.0	17.8
P_{fw}/bar	14.8	15.3	15.6	19.4
$t_{ST}/℃$	305.0	317.0	322.0	339.0
$t_s/℃$	194.4	187.5	186.3	190.1

选择	1	2	3	4
测 量				
t_e/℃	178.6	180.0	180.7	191.4
Δt_{sp}/℃	10.7	9.9	6.6	9.5
t_{fw}/℃	144.0	141.0	141.0	151.0
t_{fwp}/℃	32.2	33.5	32.2	40.5
G_g/(kg/s)	100.2	102.9	102.1	95.9
α_{air}	5.99	5.70	5.60	5.50

表6.2 余热利用循环实验结果(2)

	选择	1	2	3	4
	测 量				
余热锅炉出气口的燃气温度 $t_{g_{exh}}$/℃ $\alpha=0.95$	第1杆	171.1	171.8	172.5	180.1
		170.9	170.2	170.1	181.3
		170.8	169.1	170.0	180.7
	第2杆	169.8	170.1	170.1	180.7
		169.0	169.0	172.0	180.0
		169.1	169.2	171.0	179.1
	第3杆	170.1	171.9	169.7	180.7
		168.8	170.6	171.8	180.7
		169.1	171.2	171.9	180.0
	第4杆	170.8	173.2	174.2	183.1
		171.0	173.0	174.6	182.3
		169.9	173.1	173.9	182.2
	ΔS_a/(℃)	0.2561	0.4490	0.4690	0.3513
	Δt_g/(℃)	0.80	1.80	1.50	1.00
	$\overline{t_{g_{exh}}}$/(℃)	170.0	171.0	172.0	181.0

表6.3 余热利用循环实验结果(3)

	选择	1	2	3	4
	测 量				
余热锅炉进气口的燃气温度 t_g/℃ $\alpha=0.95$	距锅炉外壳150mm处第1杆	343.9	354.2	360.1	379.1
	距锅炉外壳350mm处第2杆	343.7	355.0	359.5	380.0
	距锅炉外壳550mm处第3杆	341.4	352.8	357.4	377.9
	ΔS_a/(℃)	0.8000	0.6430	0.8100	0.6069
	Δt_g/(℃)	1.40	1.10	1.40	1.00
	$\overline{t_{g_0}}$/(℃)	343.0	354.0	359.0	379.0

因此,省煤器似乎应该比蒸发器受灰分的影响大,即 $\varepsilon_3 > \varepsilon_1$,而且还有硫酸盐和 Fe_2O_3 的形成(参见图 6.4)。但实际上,实验结果发现,蒸发器部分比省煤器受灰分沉积沉积影响大,即 $\varepsilon_3 < \varepsilon_1$,平均小 25% ~ 35%。如何解释这一问题?图 6.1 和图 6.2 说明了 g_1、g_2 的形成不仅受到烟气速度的影响,也与温度、灰分颗粒的化学物理成分有关(参见图 6.5);气流中这些因素的强度或浓度也对临界速度 w_2^{crit} 有直接影响。在蒸发器部分保证了最大的烟气冷却率 $\overline{\Delta h_{g_i}}$ 在 70% 左右的热容量,覆盖了颗粒沉积的主要区域(参见图 6.4)。因此蒸发器起着过滤器的作用,大大减少了悬浮颗粒的数量。在蒸发器出口,由于自由流道突然增大,烟气流速也大大降低,因此出现的紊流使得剩余的悬浮颗粒在省煤器之前加速沉积。另一个因素是燃油品质较高,硫的含量较低,即 $S \approx 0.3\%$,而硫是污染系数的主要影响因素;同时产生的硫酸盐都是粉状的,由于气流速度很高($w_3 \geqslant$ 20m/s),将硫酸盐吹散。蒸发器受热面的沉积物是由含量很小但影响较大的金属氧化物 V_2O_5 和 Na_2O 等组成,形成的沉积结构比较持久(参见图 6.4)。这些结论相当有趣,但是,当主机的燃油等级较低且含硫量较高时,进一步的深入研究将更有意义,这时污染系数肯定会更高,根据运行经验,硫在省煤器上的沉积可能会成为锅炉长期安全运行的障碍。本实验中观察发现,热交换器的尾部受热面灰分的含量最高,有 $\varepsilon_2 < \varepsilon_1 < \varepsilon_3$。结果的可靠度是基于这样的实验结果,随着烟气速度的增长,污染系数 $\overline{\varepsilon}_{\text{KYP-3100}} = f(w)$ 随着烟气速度的增加而减小(参见图 6.8),这与其他相似的研究得出的结果是一致的。实验的下一个重要的部分是测量精度的确定 $\overline{\varepsilon}_{\text{KYP-3100}}$;$\overline{\partial\varepsilon}_{\text{KYP-3100}}$,%,即方法的可信度。因此,对每一个测量值的误差(仪器和偶然误差)范围都进行了研究;对于 KYP-3100 型余热锅炉,主参数的误差如下:

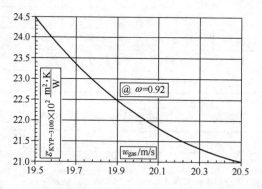

图 6.8 KYP-3100 型余热锅炉平均污垢系数与烟气流速的关系

$\overline{\varepsilon}_{\text{KYP-3100}}/\Delta G_{\text{g}} = 2.12 \times 10^{-5}((\text{m}^2 \cdot \text{K})/\text{W})/(\text{kg/s})$ $(1.85 \times 10^{-5}((\text{m}^2 \cdot \text{℃} \cdot \text{h})/\text{kcal})/(\text{kg/s}))$;

$\overline{\Delta\varepsilon}_{\text{KYP}}/\overline{\Delta G}_{\text{KYD}} = 4.43 \times 10^{-5}((\text{m}^2 \cdot \text{K})/\text{W})/(\pm 1\% \text{实际误差})$ $(3.77 \times 10^{-5}$

$((m^2 \cdot \text{℃} \cdot h)/\text{kcal})/(\pm 1\%\text{实际误差}))$；

$\overline{\varepsilon}_{\text{KYP-3100}}/\Delta t_e = 7.52 \times 10^{-5}((m^2 \cdot K)/W)/\text{℃}$ $(6.40 \times 10^{-5}((m^2 \cdot \text{℃} \cdot h)/\text{kcal})/\text{℃})$；

$\overline{\varepsilon}_{\text{KYP-3100}}/\Delta t_{\text{ST}} = 3.17 \times 10^{-5}((m^2 \cdot K)/W)/\text{℃}$ $(2.70 \times 10^{-5}((m^2 \cdot \text{℃} \cdot h)/\text{kcal})/\text{℃})$；

$\overline{\varepsilon}_{\text{KYP-3100}}/\Delta t_{\text{fw}} = 2.23 \times 10^{-5}((m^2 \cdot K)/W)/\text{℃}$ $(1.90 \times 10^{-5}((m^2 \cdot \text{℃} \cdot h)/\text{kcal})/\text{℃})$；

$\overline{\varepsilon}_{\text{KYP-3100}}/\Delta t_{g_i} = 26.44 \times 10^{-5}((m^2 \cdot K)/W)/\text{℃}$ $(22.50 \times 10^{-5}((m^2 \cdot \text{℃} \cdot h)/\text{kcal})/\text{℃})$。

每一个实际测量值对污染系数可信度的影响可以指导安排实验的方法。因为热介质测量的精度,如水和蒸汽,由于管子内的温度分布不均匀,其误差不大于 0.1℃,那么它最终的影响就会变得很小。测出烟气温度及其误差是本实验中最难的一个环节。首先,烟气对污染系数精确度的影响最高,因此要选择高精度的测温设备;其次,除了测量技术,考虑到在锅炉特定的流通截面烟气温度的不规则性的这一客观条件,误差可能会达到 2℃ ~ 3℃。因此提出了测量烟气温度时的一些预防措施。

（1）选择高精度设备。

（2）温度区域不规则的测量结果需要重点考虑。

（3）求出在整个流通截面温度梯度以便得出真实的烟气平均温度 $\overline{t_{g_i}} = \sum\limits_{i=1}^{n}(F_i \times t_{g_i})/\sum\limits_{i=1}^{n} F_i$,这可能需要不同的测量方法,如红外扫描。

（4）在安装的喷嘴上采用特定标准进行测量,降低了温度区域的不规则性而增加了烟气的紊流程度。

（5）在热交换器管子表面的一些特定区域,预测出当地污染系数的可能值。

下一个需要考虑的对测量可信度有影响的是烟气量 ΔG_g 和蒸汽量 ΔG_{KYP},这是由于它们的测量误差较高。可以通过使用高精仪表提高精度,但这会大大增加实验成本。下面的测量误差是根据热力学实验测得的:$\Delta G_g = \pm 2\text{kg/s}$;$\Delta G_{\text{KYP}} = \pm 1.3\%$;$\Delta t_{g_i} = \pm 1.0\text{℃}$;$\Delta t_{\text{ST}} = \pm 0.1\text{℃}$;$\Delta t_{\text{fw}} = \pm 0.1\text{℃}$;$\Delta t_e = \pm 0.1\text{℃}$。利用这些数据可以得出平均污染系数的最低误差;其有 $\overline{\varepsilon}_{\text{KYP-3100}} = 27.22 \times 10^{-5}$ $(m^2 \cdot K)/W$ $(23.16 \times 10^{-5}(m^2 \cdot \text{℃} \cdot h)/\text{kcal})$;其相对误差有 $\partial\Delta\varepsilon_{\text{KYP-3100}} = 10.3\%$。通过降低烟气温度测量误差至 $\Delta t_{g_i} = \pm 0.5\text{℃}$,实验的可信度将会提升到 $-\overline{\varepsilon}_{\text{KYP-3100}} = 14.77 \times 10^{-5}(m^2 \cdot K)/W$ $(12.52 \times 10^{-5}(m^2 \cdot \text{℃} \cdot h)/\text{kcal})$,且 $\overline{\partial\Delta\varepsilon}_{\text{KYP-3100}} = 5.55\%$。

6.6 结 论

（1）已得到的结果与余热利用系统优化算法的推荐结果符合较好。

（2）电力机组燃气轮机燃用低品质燃料,运行期间的平均污染系数比本实验大约要高 12%。

（3）本文得到了锅炉的每个污染系数，并且发现 $\varepsilon_2 < \varepsilon_3 < \varepsilon_1$，对于不一致的解释可能是燃气轮机燃用较高品质的燃料和蒸发器充当过滤器从而留下更多清洁烟气的双重因素的结果。

（4）污染系数趋势曲线与结果的可信度相符，污染系数依赖烟气流速的变化（参见图 6.8）。

（5）污染系数是间接依赖于各项参数的测量结果，并且它们每一项都积累了实验偏差。然而，最主要的影响依然是烟气温度，这主要是因为它在锅炉流通截面中的不均匀分布。

（6）无论如何，实验的精确性已经足够高，达到约 10.3%。

（7）对已有结果的全面研究，使得将来优化实验安排成为可能。

主 要 结 论

该项研究的对象是船舶动力装置的余热再利用系统。效率的提高本身并不是本文的研究的目的,本文研究的核心是在有限的余热利用系统尺寸条件下,获取推进装置的最高净收益。因为余热锅炉是整个系统中最主要、最大的组成部分,所以在保持目标效率的同时,它在船舶中的布置,尤其是对于一些高等级和专门用途的船舶来说,是一项重大挑战。如果锅炉的流通截面被烟气的最低速度和最高速度限制,那么只有高度是受热面尺寸的特性值,此外,高度也是一些专用船舶上安装余热锅炉的限制因素。因此,本文的研究致力于在余热锅炉尺寸(尤其是高度)固定的条件下,通过优化 HRC 的热力学和几何参数,保证动力单元的最高输出功率,同时在限制尺寸和成本的前提下实现效率的最大化。同时,基于余热利用系统装置的应用范围,研究的主要任务可能会有所不同。尽管那些结论在每章的末尾都有提及,现将一些主要的结果列举如下。

(1) 在第 1 章中,关键议题是讨论为什么选择余热利用系统。对各种环境、设计、贸易和其他影响系统高效运行的因素进行了全面讨论。

(2) 确定了余热利用设想对于船舶是可行的,然后在第 2 章讨论其实际设计方法。建立初始设计参数的方法应精心考虑,它不仅关系到收益,也关系到某些选型带来的隐患。假设第 1 章中所提及的基础项目发生一些变化,它或许会显著影响在第 2 章中所做的选择。

(3) 在第 3 章讨论了以最初选定的余热锅炉尺寸,尤其是其高度尺寸为基础的余热利用系统的热力和参数评估分析方法。

(4) 第 4 章研究基于精确的数学模型带温控阀门的 HRC 的全面优化方案。为了获得单位体积的最高输出功率,对余热锅炉的不同参数进行了优化。

① 在研究过程中,对锅炉组成部分,如省煤器、蒸发器和过热器,其中一个零件的变化对总效率的影响以及对其他部分受热面的影响予以讨论;并且考虑了烟气阻力对主机的不利影响,最终确定的余热锅炉受热面尺寸能够保证动力装置输出功率的最高。

② 当锅炉尺寸即高度固定时,蒸汽压力对余热利用系统效率的影响十分复杂,虽然它直接依赖于朗肯循环的效率,但回收烟气的热量随着压力的升高而减少;因此需要找到它们之间的平衡。在达到汽轮机或者整个动力装置的最高输出功率时,得到了最佳蒸汽压力优化的两个值。在驱动主原动机的联合动力装

置时,第二个压力很重要。由于余热锅炉烟气阻力的原因,第二个值 p_s^{opt} 相比于第一个值 p_{s0}^{opt} 略有下降。

③ 锅炉尺寸不变的情况下,从运行可靠性和效率的角度来说,锅炉受热面的内部重新分配是很重要的。在研究结果中,在进气温度上升的情况下,最佳的通用受热面分配如下:蒸发器——70%~53%;省煤器——18%~22%;过热器——12%~25%;

④ 具有中间级抽汽的余热利用系统被视作具有再热给水循环的余热利用循环的另一种替代选择,这首先是考虑到运行可靠性,这种方案减轻了锅炉管子内部的氧气腐蚀。尽管在相同锅炉高度的条件下,整个效率没有任何附加增长,但是,由于蒸汽循环利用更优化,获得相同输出所需的烟气热量更少。最终,余热锅炉出口的烟气温度比中间级抽汽循环要高大约 12℃~15℃,这减少了省煤器部分的硫化腐蚀风险。在同样烟气利用率的情况下,汽轮机输出功率可能会增长 4%~5%,然而由于对烟气阻力的不利影响,余热锅炉受热面积的增加可能导致零输出,尤其是在较低的烟气温度条件下。

⑤ 研究发现,管子传热效率依赖于两种不同条件下的不同因素。对于市场上可见的翅片管受热面,在余热利用系统净输出相同的条件下,锅炉高度尺寸的减少可以达到 21%~25%;考虑到对于粗糙或者光滑管壁的不同污染系数,在相近的余热锅炉尺寸条件下,可以保证动力装置效率的增长达到 30%。

(5) 先进低速柴油机动力装置,由于烟气的潜能大幅降低和能量利用装置的不同途径,例如汽轮机并入船舶动力装置,一些特定问题必须优先考虑。

① 因为最终的烟气热量回收对于柴油机装置很重要,当初步确定了所要求的冷却率,即余热锅炉中的烟气温降,第3章中的分析方法以此为基础进行转换。最终确定锅炉尺寸和所要求的受热面重分配方案。

② 余热利用系统需要平衡低冷却率和最低压力限制之间的矛盾,使得蒸汽压力优化成为另一个重要的实际问题。以本书所做的研究为基础,建议当需要加大烟气冷却以获得更多的益处时,应该通过安装双压余热利用系统装置实现。

③ 除了汽轮发电机的输出功率大小,最重要的任务就是如何有效利用这部分能量,尤其是在电力短缺的时候。因此,根据不同的运行条件,研究这种短缺的时间段和级别。最终的数据可以为其他具体的项目提供借鉴;同时,该结果方便进行最佳的电力装置运行安排,包括用功率小的发电机装置替代柴油机发电。最后,除了节约燃料,在新造阶段初始投资也可明显减少。

(6) 污染系数对锅炉效率的影响是很明显的,然而,随之而来的受热面腐蚀所产生的安全性能降低的问题亦变得非常重要。因此,一些可以用于主锅炉选型的参数修正后可以用于余热锅炉。污染系数计算的推荐方法反映了几个重要而有趣的事实。

① 推荐的方案可以作为间接测量的有效方案;

② 与其他方法的组合需要认真考虑；

③ 大量测量误差不仅是方案准确性的指标，而且促进对锅炉烟气阻力改进的深层思考，因此稳定的温度场可以通过有效的锅炉绝热隔离和几何安排获得。

在研究过程中，发现了许多新的思路和想法，可以作为本书进一步研究的内容。

（1）为了保证效率的进一步增加，应该研究更复杂的余热利用系统，诸如不同布置的双压余热利用系统，因此，现有的分析系统应随之发展。

（2）在考虑系统、压力和其他参数选择的情况下，对双压余热利用系统的效率进行深入的对比研究。

（3）对于低速柴油机，双压余热利用系统可能也是一个好的方案。

（4）低速柴油机作为主机时，采用船用水管蒸汽锅炉是一个可行的选择。

（5）从硫化物腐蚀引起安全性问题的角度来说，管壁的温度比给水温度更重要。因此，在更高的主机负荷水平下，通过保持说明的最低管壁温度，可以进一步降低给水温度，从而获得最高的余热利用系统运行效率。

（6）污染系数对于不同因素的依赖关系仍然需要进一步研究，这对实际的工程测量具有实际意义。本书将不同的测量法结合到一起，测量管壁和邻近烟气层的温差。不对污染系数来源的充分研究，要想对受热面进行加固，诸如提高翅片密度，可能会徒劳无功。

（7）烟气速度是选择锅炉技术参数的限制条件，因为过高的烟气速度将导致烟气阻力的增加超过许可值。同时，流速应尽可能高以防止烟气边缘的污染强度提高，由于积灰，省煤器最易受硫酸化腐蚀的影响。因此，在恒定烟气速度条件下，应对锅炉的结构和计算方法进行修正（参见图 MC.1）。

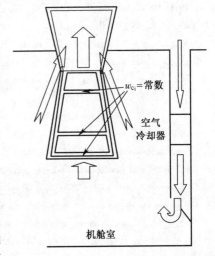

（8）由于有剩余烟气潜在能量，为了在更大程度上利用这部分潜能，可以通过将机舱室的空气喷射出去以提高通风系统效率来实现（参见图 MC.1）。这可能也是减少电力消耗的一个有效方法，从而拓宽了余热利用系统的应用范围。

图 MC.1　机舱室中可行的气流组织方式

（9）通过协调送风系统和海水冷却系统（如图 MC.1），可以大幅增加空气交换同时降低机舱室温度。这些措施会使机组和设备运行更加有效，尤其是在高温区，如机舱温度达到 50℃～60℃ 时。用于空调的电力消耗也会降低，因此，上述措施对低速柴油机有效利用余热利用系统大有裨益。

参 考 文 献

[1] Advanced WHR turbogenerator systems. T.A.Croxon,MER,Nov.1984,8−11 p.

[2] Analysis and Modeling of Power Transmitting Systems for Advanced Marine Vehicles. ByLeonidas M.Th.Kambanis. Massachusetts Institute of Technology 1995,p.80

[3] Analysis of power plant deaerator under transient turbine loads. Trans.ASME,1973,A95,No.3,171−179p.

[4] Ash deposits and corrosion due to impurities in combustion gasses:／Proc.of the Intern.Conference on ash deposits and corrosion from impurities in combustion gasses held at NewEngland college,Henmiter,New Hamshire,June 26−July 1,1977／Ed.Richard ,W.Bryers−Washington; London: Hemshere publ. corp.; New York etc.: Mc.Grane−Hill corp. 1978−XII,691.

[5] ASMESteam−Properties − A CompEter Program for Calculating the Thermal andTransportProperties of Water and Steam in SI Units,WNRE 182.

[6] Baily,F.G.,"Steam Turbines For Advanced Combined−Cycles," GE Power Generation TurbineTechnology Reference Library Paper No. GER−3702B,1993.

[7] Brad Buecker. Basics of Boiler and HRSG Design. PennWell Publishing Company 1421 S.Sheridian Road／P. O. Box 1260,Tulsa,Oklahoma,USA,2002,p.170

[8] M. Boss. "Steam turbines for stag combined−cycle power systems". GE Power SystemsSchenectady,NY, GER−3582E,1996 GE Company,p.24

[9] Boyce,Meherwan P. Turbine Engineering Handbook. 2nd Edition. Gulf ProfessionalPublishing,Houston, Texas,USA,2002,ISBN 0−88415−732−6,799 p.

[10] Breaux D.K. & Cdr.K.Davis. Design and service ofMarine Waste Heat Boiler. NavalEngineering Journal, Vol.90,No.2 (April),1978,165−172 p.

[11] Brooks,F.J.,"GE Gas Turbine Performance Characteristics," GE Power GenerationTurbineTechnology Reference Library Paper No. GER−3567D,1993.

[12] Calculator method for steam turbine efficiency. R.P.Lapina. Chem.Eng. June 27,1983,37−42p.

[13] Combined−Cycle Development Evolution and Future.David L. Chase GE Power SystemsSchenectady,NY, GE Power Systems − GER−4206; 2004／01,p.18.

[14] Design aspects of once through systems for heat recovery steam generators for base loadandcyclic operation. M. F. Brady,Innovative Steam Technologies Ltd.0964−3409／01／01／00035 − 12,2001 Science Reviews: Materials at high temperatures 18(4),223 − 229p.

[15] The design of gas turbine heat recovery systems. Precious R.W.,Pasba Akber,"Itern.PowerGenerat.", 1984,I. N7,38−41p.

[16] Diesel Engines and Gas Turbines in Cruise Vessel Propulsion. Horst W. Koehler,MAN B&WDiesel. Based on the author's presentation at The Institution of Diesel and Gas TurbineEngineers,London,on 17 February 2000,p.13.

[17] DNV Rules For classification of ships / high speed,light craft and naval surface craft. Part 4Chapter 7. Boilers,pressure vessels,thermal−oil installations and incinerators. Det NorskeVeritas Veritasveien 1,NO−1322

Høik, Norway, p.52.

[18] Dual pressure steam cycle SC2. MER, August, 1981, 16–19 p.

[19] Econosto. General Catalogue. Valves, fittings, and related equipment. Rotterdam, December1996, p.381.

[20] European Standard EN 12952–15. Water–tube boilers and auxiliary installation– Part15: Acceptance tests. September 2003, p.91.

[21] Ganapathy V. Industrial Boilers and Heat Recovery Steam Generators. Design, Application andCalculations. ISBN: 0–8247–0814–8, by Marcel Dekker, Inc., NY, USA, 2003, p.648

[22] Horloc J.H. Advanced Gas Turbine Cycles. Whittle Laboratory Cambridge, 044273–0ELSEVIER SCIENCE Ltd., The Boulevard, Langford Lane, Kidlington, Oxford OX5 1GB, UK. ISBN 0–08–044273–0, 2003, p.203.

[23] G.T.H. Flanagan. Marine Boilers, Third Edition (Marine Engineering Series). Butterworth–Heinemann, 25 Victoria Street, London SW1H OEX, England; 3 edition (August 14, 1990), 128 pages.

[24] Frank P. Incropera, David P. DeWitt, Theodore L. Bergman, Adrienne S. Lavinev. Fundamentals of Heat and Mass Transfer, 6th Edition. ISBN: 978–0–471–45728–2, John Wileyand Sons, Inc., USA; September 2006, p.1024

[25] Gas turbines established as propulsion option. by Doug Woodyard. Marine Propulsions. June, 1997, 9÷11 p.

[26] Heat recovery steam generators for power generation and other industrial applications. ReportNo. COAL R232 DTI/Pub URN 03/804 by D Blood, S Simpson and RHarries, Powergen UKplc, D Dillon, Mitsui Babcock Energy Ltd, A Weekes, MEEngineering Ltd. Crown CopyrightMarch, 2003, p.38.

[27] Heat recovery steam generators. API recommended practice 534, Second edition, Draft 6, April20, 2005, p.71.

[28] The IAPWS Formulation 1995 for the Thermodynamic Properties of Ordinary Water Substancefor General and Scientific Use. W.Wagner and A. Pru?. J. Phys. Chem. Ref. Data, Vol. 31, No.2, 2002, p.149

[29] Industrial Heat– Recovery Strategies. Copyright . May 1997, Pacific Gas and ElectricCompany. PG&E Energy Efficiency Information. "Industrial Heat–Recovery Strategies", p.16

[30] Influence of Ambient Temperature Conditions. MAN Diesel A/S, Copenhagen, Denmark, 16/03/2006, p.15.

[31] INTERTANKO – Global forum for chemical tanker owners. INTERTANKO, June 2003, p.10.

[32] Kehlhofer R., Bachmann R., Nielsen H., Warner J. Combined Cycle Gas & SteamTurbinePower Plants. ISBN 0–87814–736–5; by PennWell Publishing Co., Tulsa, Oklahoma, USA, 1999, 328p.

[33] Less Emissions through Waste Heat Recovery. Heinrich Schmid. Wärtsilä Switzerland Ltd, Winterthur. Wärtsilä Corporation, April 2004, p.10.

[34] Maintenance Manual (Technical procedures). Published by Ship Management LatvianShipping Company Group, Riga, LV 1045, Latvia, p.329.

[35] Marine Engineering Progress in 1996. Annual Review. Bulletin of the M.E.S.J., Vol. 25, No.2; October 1997, p.18–62.

[36] Marine News, Wärtsilä Corporation, No.2 –2005, p.44.

[37] Marine Technologies for Reduced Emissions. Heinrich Schmid and German Weisser. WärtsiläSwitzerland Ltd, Winterthur. Wärtsilä Corporation, April 2005, p.12

[38] MARPOL 73/78 Consolidate edition 2006. International Maritime Organization, London, 2006, p.488

[39] R.K. Matta, G.D. Mercer, R.S. Tuthill. GE Gas Turbine Performance Characteristics. GEPower Systems, GER–3567H, (10/00), p.20

[40] R.K. Matta, G.D. Mercer, R.S. Tuthill. Power Systems for the 21st Century– "H" Gas TurbineCombined–Cycles. GE Power Systems, GER–3935B, (10/00), p.22.

[41] Mc.Creath C.G.,Conde J.F.G. A state of the art review of factors contributing to the turbineenvironment causing hot corrosion of gas turbines operating in a marine environment. JournalInst.Energy,1981,54,No.421,192–196p.

[42] McGeorge H.David. Marine Auxiliary Machinery. 7th Edition. Butterworth Heinemann.Elsevier Science Ltd.,Oxford OX2 8DP,UK,ISBN 0 7506 4398 6,2002,p.514.

[43] Michael J. Moran,Howard N. Shapiro. Fundamentals of Engineering Thermodynamics. JohnWiley and Sons, Inc.,USA; 5th Edition,2004,p.896.

[44] More gas turbine cruise ships at sea.MARINE LOG MAGAZINE.August 12,2003.

[45] Morton A.Y. Thermodynamics of waste Heat recovery on Motor Ships. Transactions . of theInstitute of Marine engineers,1981,vol.93,Conference No.9,1–7; 66–67p.

[46] MT30 marine gas turbine Fact Sheet. 2003 Rolls–Royce plc.,www.rolls–royce.com

[47] Naegeli D.W.,Dodge L.G.,Moses C.M. Effects of flame temperature and fuel composition onsoot formation in gas turbine combustors. Journ. Combustion Sci. and technology.,1985,35,No.1–4,117–131 p.

[48] Nickel oxide as a new inhibitor of vanadium–induced hot corrosion of super–alloys – comparisonto MgO–based inhibitor. E.Rocca,L.Aranda,M. Moliere and P. Steinmetz. The Royal Societyof Chemistry 2002,12, p.3766 – 3772

[49] Novel propulsion machinery solutions for ferries. Oskar Levander,MSc (Nav. Arch.),WärtsiläCorporation – Ship Power,Finland,2004,p.18.

[50] Novel unsteady temperature/ heat transfer instrumentation and measurements in the presence ofcombustor instabilities. K.S.Chana,K.J.Syed,M.I.Wedlock,R.W.Copplestone,M.S.Cook andG.Bulat,QinetiQ,Cody Technology Park,Farnborough,Hants,GU14 0LX,UK,SiemensIndustrial Turbomachinery Ltd. Waterside South. Lincoln LN5 7FD. ASME TURBO EXPO2005,6–9 June 2005,Reno–Tahoe,Nevada,USA. GT–2005–68433,p.8

[51] Ozisik M.N. Heat Transfer: A Basic Approach. McGraw–Hill Education (ISE Editions);International Ed edition,ISBN– 0070664609,1985,800 p.

[52] Ozisik M.N. Heat Conduction. John Wiley & Sons,New York,ISBN–10: 047105481X,1980,704 p.

[53] Process modeling and design of shell and tube heat exchangers. John E. Edwards. UKCHEMCAD Seminar–October 2001,p.23

[54] Propulsion Trends in Bulk Carriers. MAN Diesel A/S,Copenhagen,Denmark,04/10/2007,p.17.

[55] Propulsion Trends in Tankers. MAN Diesel A/S,Copenhagen,Denmark,19/09/2005,p.15.

[56] Propulsion Trends in Container Vessels. MAN Diesel A/S,Copenhagen,Denmark,19/01/2005,p.16.

[57] Research and Development of Gas Turbine for Next–Generation Marine Propulsion System(Super Marine Gas Turbine). Masashi ARAI,Takao SUGIMOTO,Kiwamu IMAI,HiroshiMIYAJI,Kenichi NAKANISHI, and Yasuyuki HAMACHI. International Gas TurbineCongress 2003 Tokyo November 2–7,2003,p.7

[58] A review of available information on corrosion and deposits in coal and oil fired boiler and gasturbines. Report of ASME. Research committee on corrosion and deposits from combustiongasses. By Battelle Memorial Inst.: H.W.Nelson,H.H.Krause,E.W.Ungar [a.o.]. London [a.o.],Pergamon press,N.York. The Amer. Soc. of Mechanical Engineers,1959. VIII,p.198

[59] Rolf Bachmann,Henrik Nielsen,Judy Warner,Rolf Kehlhofer. Combined – Cycle Gas &Steam Turbine Power er Plants. PennWell Publishing Company 1421 S. Sheridian Road/P.O. Box1260,Tulsa,Oklahoma,USA, Aug 1999,p.288

[60] Sadik Kaka?,Yaman Yener. Convective Heat Transfer,Second Edition. CRC Press LLC; 2edition,December 16,1994,432 pages

156

[61] Selection of LNG Carrier Propulsion Systems. MAN Diesel A/S, Copenhagen, Denmark, p.12

[62] Shah Ramesh K. Heat exchanger basic design methods. Low. Reynolds Number Flow HeatExchange Process. ASI Heat Transfer, Ankara, July 13-24, 1981. Washington e.a., Berlin e.a., 1983, 21-71 p.

[63] Shaft Generators for the MC and ME Engines. MAN Diesel A/S, Copenhagen, Denmark, 16/03/2006 , p.27

[64] Short comment - World merchant fleet 2006/2007. Christel Heideloff, www.isl.org, p.5

[65] Small and medium size gas turbines. ISHIDA Katsuhiko. Kawasaki Heavy Industries, LTD. Gas Turbine Development Center. Gas Turbine Technology in Japan. Bulletin of GTSJ 2003, p.3

[66] Soot Deposits and Fires in Exhaust Gas Boiler. MAN Diesel A/S, Copenhagen, Denmark, 22/04/2004, p.21.

[67] Spey marine gas turbine. Fact Sheet. 2003 Rolls-Royce plc., www.rolls-royce.com

[68] Standard Specification for High Frequency Electric Resistance Welded Finned Tubes. 2002Fintube Technologies, Inc., 2002, p.7.

[69] Superconductivity Web21. Superconducting Industry- Transport Equipment Technology-Prospects for Electric Propulsion Ships. Tetsuji Hoshino, Deputy Chief Researcher NagasakiResearch & Development Center Mitsubishi Heavy Industries, Ltd. Published by InternationalSuperconductivity Technology Center; July 17, 2007, p.2.

[70] Sulzer RTA48T and RTA58T Diesel Engines. Engine Selection and Project Manual. Issue June1995. 172p.

[71] Turbines. PRODUCTS: LMG-20E^{TM}; LMG-30E?. High Temperature Corrosion. http://www.liquidminerals.com/turbines.htm

[72] Thermo Efficiency System (TES) for Reduction of Fuel Consumption and CO2 Emission. MAN Diesel A/S, Copenhagen, Denmark, 19/07/2005, p.12

[73] Warren M. Rohsenow, James P. Hartnett, Young I. Handbook of Heat Transfer. By theMcGraw-Hill Companies, Inc., USA, 1998, p.911.

[74] WÄRTSILA VASA 46. Really Reliable Propulsion Power. Project Guide for MarineApplication. Wartsila Diesel Oy Turku Factory Stalarminkatu 45 SF-20810 TURKUFINLAND, p.133, 1994.

[75] WÄRTSILA TECHNICAL JOURNAL, Issue No.1, 2007, p.52.

[76] WATER WALL BOILER FOR AIR AND OXYGEN FIRED CLAUS SULPHUR RECOVERY UNITS. Mahin RAMESHNI, P.E., Technical Director, Sulphur Technology. WorleyParsons, 125 West Huntington Drive, Arcadia, California 91007, USA, p.14.

[77] The World merchant fleet in 2005. Equasis statistics, p.115

[78] Year Book 2005: Progress of Marine Engineering Technology in the year 2004 - Translatedfrom Journal of the JIME Vol.40, No.4 (2005) - (Original Japanese).

[79] Teaching efficacy of Web-based teaching methods in an undergraduate thermodynamicscourse. Jinny Rhee. San José State University, San José, United States of America. WorldTransactions on Engineering and Technology Education, Vol.2, No.1, 2003, p.37-40.

[80] Today's Targets & Technologies for Reducing Emissions from Large Marine Diesel Engines. S. Bludszuweit, H. Jungmichel, B. Buchholz; Motoren- und Energietechnik GmbH. Motor ShipConference 1999, March 1999, Athens, p.22.

[81] Tomlinson, L.O. "Single Shaft Combined-Cycle Power Generation System," GE PowerGeneration Turbine Technology, Reference Library Paper No. GER-3767, 1993.

[82] Агафонов В.Г., Пугачов Ю.П. Использование вторичных энергоресурсов

[83] Алгоритмы численных методов. М., МИФИ, 1979; 75 с.

[84] Анализ теплоотдачи к двухфазным потокам на основе оточненной двухскоростной модели течения. Прядко Н.А., Петренко В.П., Тобилевич Н.Ю., Засядко Я.И. М.: Тр.ЦКТИ, 1981, 241, с. 51-56.

[85] Артемов Г.А., БойковБ.П., Гильмунтдинов А.Г. Судовые газотурбинные установки. Л.: Судостроение, 1978, 269 с.

[86] Аэродинамический расчёт котельных установок (нормативный метод) под ред. С.И.Мочана. Л., Энергия, 1977; 255 с.

[87] Бажан П.И., Каневец Г.Е., Селиверстов В.М. Справочник по теплообменным аппаратам. М., Машиностроение, 1989; 365 с.

[88] Беляев И.Г. Эксплуатация утилизационных установок дизельных судов. М: Транспорт, 1979, 142 с.

[89] Быстров П.Г. Разработка и исследование перспективных конвективных поверхностейнагрева паровых котлов. Автореферат диссертации на соискание уч.степени к.т.н., Ленинград, 1981, 21 с.

[90] ВНТО им. Акад. А.Н.Крылова. Тезисы докладов на Всесоюзной Научно-Технической конференции 《 Актуальные проблемы технического прогресса судовых турбинных установок 》. Л.: Судостроение, 1989, 136 с.

[91] Волков Д.И., СударевБ.В. Судовые паровые котлы. Л.: Судостроение, 1988, 136 с.

[92] Вопросы загрязнения конвективных проверхностей нагрева парогенераторов. Под общейред. К.т.н., доц.Деринга И.С., Красноярск: Кр.П.И., 1972, ISBN: 5-7355-0041-4, 131с.

[93] Вудворд Дж. Морские газотурбинные установки. Л.: Судостроение, 1979, 358 с.

[94] Гаврилов А.Ф. Уменьшение вредных выбросов при очистке паровых котлов. М.: Энергоатомиздат, 1980, 240 с.

[95] Гартвиг В.В., Литаврин О.Г., Плискин Г.М. Расширенные испытания ГТУ судна《Капитан Смирнов》. Судостроение, №1, 1983, 14-17с.

[96] Гидравлический расчет котлов. Нормативный метод. Под ред. Локшина В.А., Петерсона Д.Ф., Шварца А.Л.М.: Энергия, 1978, 256 с.

[97] Григоренко В.Я., Магин Л.А., Матвеев Л.А. Результаты исследования статических характеристик энергетической установки судна типа 《КапитанСмирнов》. Судостроение, №8, 1983, 18-20с.

[98] Гуревич А.Н., Зинин В.И., Колесниченко А.Г., Нагибин А.Я., Пильциль В.Г. Особенности утилизационного прямоточного котла для судовой комбинированной газопаротурбинной установки. Л.: Судостроение, 1984, 4, с.22-24

[99] Денисенко Н.И. Основы комплексного решения проблемы повышения использования судовых котельных установок. Диссертация на соискание д.т.н., Л.: ЛВИМУ, 1986, 428 с.

[100] Дементьев К.С., Романов В.А. и др. Проектирование судовых парогенераторов. Л.: Судостроение, 1986, 336 с.

[101] Дикий Н.А. Судовые газопаротурбинные установки. Л.: Судостроение, 1978, 250 с.

[102] Енин В.И. Судовые паровые котлы. М., Транспорт, 1984; 248 с.

[103] Енин В.И., Денисенко Н.И., Ефимов Т.М. Современные утилизационные парогенераторные установкию М.: ЦРИА, МОРФЛОТ, 1979, 40с.

[104] Енин В.И., Денисенко Н.И., Костылев И.И. Судовые котельные установки. - М: Транспорт, 1993, 216 с.

[105] Жаров Г.Г., Венцюлис Л.С. Судовые высокотемпературные газотурбинные установки. Л.: Судостроение, 1973, 275 с.

[106] В.И. Зайцев, Л.Л. Грицай, А.А.Мойсеев. Судовые паровые и газовые турбины. М.: Транспорт, 1981, 312 с.

[107] Зегер К.Е. Исследование золового заноса высокотемпературных поверхностей нагревакотлов,

работающих на сернистном мазуте и разработка способов его предотвращения. Автореферат дисс. На соискание уч.степени к.т.н. М: ВТИ,1970,24 с.

[108] Иллиес К.Судовые котлы. Т.3. Расчет. Л.: Судостроение,1964,672 с.

[109] Исследование и внедрение интенсифицированных поверхностей нагревакотлоагрега.. научн. тр./ Под ред. д.т.н. Мигая В.К. и к.т.н. Назаренко В.С.,НПО ЦКТИ,1983; 80 с.

[110] Камкин С.В.,Возницкий И.В.,Большаков В.Ф. и др. Эксплуатация судовых дизельныхэнергетических установок. М.: Транспорт,1996. 432 с.

[111] Кириллин В.А. Сычев В.А.,Шейндлих В.А. Техническая термодинамика. М.:Энергоатомиздат, 1983,247 с.

[112] Клячко Б.И. Коррозия и загрязнение поверхностей нагрева паровых котлов присжигании сернистных мазутов,высокотемпературная коррозия. Обзор составил к. т. н. Клячко Б. И. ред. к. т. н. Липштейн. М.: 1963,52 с.

[113] Курзон А.Г.,Юдовин Б.С. Судовые комбинированные энергетические установки. Л.:Судостроение, 1981,213 с.

[114] Кутателадзе С.С. Теплопередача и гидродинамическое сопротивление. Справочноепособие. М.: Энергоатомиздат,367 с.

[115] А.М.Кутенов, Л.С.Стерман, Н.Г.Стюшин. Гидродинамика и теплообмен припарообразовании. М.,Высш.Шк.,1986; 448 с.

[116] Лазарев В.В.,Ланда Л.Е.,Литаврин О.Г.,Туснаков А.М. Совершенствованиеэксплуатации теплоу тилизационного контура энергетической установки судов типа 《КапитанСмирнов》. М.: Мор.Тр −т,Техн. Экспл. Флота,23 (571),1983,7−16 с.

[117] Г.И.Левченко, И.Д.Лисейкин, А.М.Копелиович, В.К.Мигай, В.С.Назаренко. Оребрённыеповерхности нагревапаровых котлов. Энергоатомиздат,1986; 168 с.

[118] Маслов В.В. Утилизация теплоты судовых дизелей. Транспорт,1990; 144 с.

[119] Мосин Е.А. Исследование влияния температуры сжигания на интенсивностьобразования и свойств связанных золовых отложений. Автореферат дисс. На соисканиеуч.степени к.т.н. Томск,1970,29 с.

[120] Нормативный метод гидравлического расчёта паровых котлов. Т.1. Руководящиеуказания . Л., ЦКТИ,ВТИ,1973; 165 с.

[121] Овсянников М.К.,Петухов В.А. Эффективность топливо−использования в судовыхдизельных установках. Л.: Судостроение,1984,96 с.

[122] Петунин А.Н. Измерение параметров газового потока. М:Машиностроение,1974,332 с.

[123] Портянко А.А.,Локмин В.А.,Фомина В.Н. Расчет коэффициентов загрязнения поперечно оребр енных поверхностей нагрева. Конф. 》Методы сжигания канско−ачинского бурового угля в крупных энергетических установках》. Красноярск,1983,с.54−59.

[124] Преображенский В.П. Теплотехнические измерения и приборы. М.: Энергия,1978,104 с.

[125] Проблемы загрязнения и очистки наружных поверхностей нагрева паровых котлов.Грузинская Республиканская конф. (1988 Батуми). Тезисы докладов республиканскойконференции,19−23 апр.,1988,Батуми: Б.и; Тбилисы: Мецнисребл.,1988,165 с.

[126] Ривкин С.Л.,Александров А.А. Термодинамические свойства воды и водяного пара. Справочник. М., Энергоатомиздат,1984; 80 с.

[127] Ривкин С.Л. Термодинамические свойства газов. Справочник. М.,Энергоатомиздат,1987; 288 с.

[128] Ривкин С.Л. Термодинамические свойства воздуха и продуктов сгорания топлива. Справочник. М.,Энергоатомиздат,1984; 104 с.

[129] Романов В.А. Исследования низкотемпературной коррозии в газотурбинных установкахс тепло-утилизационным контуром. Судостроение, 1978, 30-33с.

[130] Розенберг Г.Ш. и др. Техническая эксплуатация судовых газотурбинных установок.М.: Транспорт, 1986. 222 с.

[131] Семека В.А. Тепловой расчёт судовых паротурбинных установок. Транспорт, 1965; 137 с.

[132] Семека В.А. Формулы , определяющие теплофизические свойства пара в области, используемой при расчётах паровых турбин. НТО им.акад. А.Н.Крылова. Л., Судостроение, 1982; с. 4, 24.

[133] Справочник судового механика. Том I. Под общей редакцией к.т.н. Л.Л.Грицая. Изданиевторое, переработанное и дополненное. М., Транспорт, 1973.- 696 с.

[134] Справочник судового механика. Том II. Под общей редакцией к.т.н. Л.Л.Грицая. Изданиевторое, переработанное и дополненное. М., Транспорт, 1974.- 697 с.

[135] Тепловой расчет котельных агрегатов (нормативный метод). Под редакцией Н. В. Кузнецова и др. - М: . Энергия, 1973, 295 с.

[136] Тепловой расчёта котельных агрегатов (Нормативный метод). Т.1. Руководящиеуказания. Л., ЦКТИ, ВТИ, 1973; 357 с.

[137] Тепловой расчёта котельных агрегатов (Нормативныйметод). Т.2. Руководящиеуказания. Л., ЦКТИ, ВТИ, 1975; 171 с.

[138] Тепловой расчет котлов. Нормативный метод. Изд.третье переработанное идополненноею НПО ЦКТИ. Санкт-Петербург, 1998, 256 с.

[139] Теплообмен от стенки к восходящему пузырьковому течению при малых скоростяхжидкой фазы. Горелин А.С., Каменский А.С., Накоряков В.Е. М.: Теплофизика высокихтемператур. 1989, 27, №21, с. 300-305.

[140] Трусов А.С. Исследование влияния различных факторов на определение расчетногозначения температуры забортной воды для судов паротурбиннох установок. Диссертация на соискание к.т. н., Л.: ЛВИМУ , 1973, 167 с.

[141] Турчак Л.И. Основы Численных методов. М., Наука, 1987; 320 с.

[142] Тушманов Н.С., Промыслов А.Л. Экспериментальные исследования аэрации и деаэрацииконденсата в конденсаторе ПТУ. М: энергомашиностроение, 1977, №12, с.36-38.

[143] Урунбаев М.А. Исследование некоторых особенностей процессов коррозии изагрязнения низко-температурных поверхностей нагрева при сжигании жидких игазообразныхсернистных топлив. Автореферат дисс. На соискание уч.степени к.т.н. Алма-Ата, 1975, 18с.

[144] Фраас А., Оцисик М. Расчет и конструирование теплообменников. М: Атомиздат, 1971, 380 с.

[145] Хавин А.А. Исследование теплоотдачи и сопротивления пучков трубс приварнымспиралбно-ленточным оребрением и результаты внедрения. Автореферат дисс. Насоискание уч.степени к.т.н.Киев, 1975, 31 с.

[146] Хряпченков А. С. Судовые вспомогательные и утилизационные котлы. - Л.: Судостроение, 1988. , 296 с.

[147] ЦНИИМФ, ЛВИМУ. Комплексные системы глубокой утилизации тепла на судах ММФ сдвигателями с постянным давлениею наддуваю Технико-эксплуатационное требования. РД 31.27.28-82, Л.: ММФ, 1983. 17 с.

[148] ЦНИИМФ, Лен.ЦП-КБ, ЛВИМУ. Технико-эксплуатационные требования пооптимальной компл ектации электростанций морских транспортных судов. РД 31.03.41-84. Л.: 1985, 131 с.

[149] ЦНИИМФ, ММФ. Извещение об изменений №1 РД 31.03.41-84. Технико-эксплуатационные

160

требования по оптимальной комплектации электростанций морскихтранспортных судов. Л.: 1988,99 с.

[150] Чебулаев В.В.,Локшин В.А.,Вуколова А.И. Расчет тепловой разверки в ступеняхпароперегревателей паровых котлов при наличии разницы температур пара во входныхколлекторах. Теплоэнергетика,1983,№11,с.50−53.

[151] Шиняев Е.Н. Состояние и пути улучшения утилизации тепла судовых энергетическихустановок. М: Мор.Тр−т серия ТЭФ 1(18) 1980,40с.

内 容 简 介

本书是作者多年深入研究和工程实践的总结,主要讨论余热利用系统优化设计方法,全面系统地介绍了余热锅炉参数选取问题,建立受热面分配方案优化理论模型,分析各种航运环境条件下的效率以及余热利用系统参数的实船测试问题,具有很高的参考价值和实用价值。

本书对于从事船舶系统设计和节能减排技术研究的专业技术人员以及从事船舶动力装置研究的工程技术人员、各类高校科研工作者和研究生、高年级本科生都具有重要的参考价值。